Du und dein Hund – ein sicherer Bund

Ines Gersten

Mein erster Hund Verlag

Druck: Amazon Deutschland oder Partner

Der Druck erfolgt in chlorfreier Tinte und das säurefreie Papier für den Innenteil des Buches wird von einem Anbieter mit Forest Stewardship Council-Zertifizierung bezogen. Alle Abfälle, die beim Drucken entstehen und sich im Büroalltag anfallen, werden ordentlich recycelt und verwertet. Zudem werden in der Zukunft weiterhin Prozesse stattfinden, um die Umweltfreundlichkeit zu versichern. Damit verpflichtet sich der Druckpartner Amazon und seine Partner dazu, seinen Teil zum Umweltschutz beizutragen.

Unser Verlag verzichtet zudem auf überflüssigen Schriftverkehr und wickelt alle Prozesse digital ab. Dies spart Ressourcen und schont die Umwelt!

ISBN: 978-3-9823188-4-4

Du und dein Hund – ein sicherer Bund

Verstehe die wahren Bedürfnisse deines Hundes und stärke mit liebevollem Vertrauen & gelungener Kommunikation eure glückliche Mensch-Hund-Beziehung

von

Ines Gersten

Wertschätzede Hundeerziehung – nur ein Trend?

Das Leben mit unseren Hunden bedeutet Veränderung, denn wir müssen und wollen unseren Alltag auf den Hund abstimmen und umdenken. Mit einem Hund haben wir Verantwortung, die wir natürlich liebend gern annehmen. Jeder Hundebesitzer hat wohl im Laufe der Zeit seine eigene Philosophie entwickelt, was man vom Leben gemeinsam mit einem Hund erwarten kann.

Hunde bereichern unser Leben auf eine ganz besondere und unvergleichliche Weise: Sie geben uns so viel zurück und lassen uns das Leben von einer ganz anderen Seite betrachten. Die unkomplizierte Lebensweise fasziniert uns immer wieder. Sie stellen uns nicht infrage und ihnen ist es egal, wie wir aussehen. Sie schenken uns ihre bedingungslose Liebe. Auch wenn es mal schwierig wird, stehen sie zu uns ohne Kompromisse und bis zum Ende ihrer Tage.

Es gibt unzählige Ratgeber und Trainingsbücher über Hunde. In vielen Hundeschulen ist es leider immer noch so, dass viel mit Druck gearbeitet wird. Oftmals entsteht dieser Druck aber auch schon bei uns selbst, indem wir uns immer mit anderen Mensch-Hund-Teams vergleichen. Das führt dazu, dass wir innerlich schon ziemlich angespannt sind. Diese Anspannung überträgt sich wiederum auf den Hund und man sitzt fest in der Spirale.

Mit diesem Buch möchte ich jedoch eine andere Seite beleuchten und den hausgemachten Druck herausnehmen. Ich möchte keine stumpfen Trainingsanleitungen geben, die dann nach und nach abgearbeitet werden müssen. Das ist doch so gar nicht das, was wir von einem Leben mit Hund erwarten, oder? Wir möchten uns hier wieder auf das Wesentliche konzentrieren. Bindung und Vertrauen. Diese beiden Dinge sind so wichtig für euch als Team und nur so funktioniert am Ende auch ein angenehmes Training ohne Angst, Unterdrückung und Gewalt. Wie das alles zusammenhängt, erfahrt ihr später natürlich. Eine solide Basis ist unverzichtbar, um darauf aufbauen zu können und gemeinsam als Team zu wachsen.

Hunde sind sehr soziale Lebewesen, viel sozialer als die Menschen. Immerhin stammt unser heutiger Haushund vom Wolf ab, der Chihuahua ebenso wie der Tamaskan. Durch die Domestikation wurden rassespezifische Eigenschaften jedoch mal mehr, mal weniger extrem zurück gezüchtet. Aber im Grunde sind die Gene des Wolfes immer noch tief in unseren Vierbeinern verwurzelt.

Es wäre also anmaßend, wenn wir als Trainer nur mit erhobenem Zeigefinger für unseren Hund agieren. Die Kommunikation zwischen Hund und Mensch sollte gleichermaßen stimmen. Leider tendiert der Mensch schnell dazu, sich als Oberhaupt des Geschehens zu sehen. Mit einem wertschätzenden und respektvollem Umgang mit unserem Hund können wir so viel erreichen. Wir sollten den Hund führen und mitnehmen, nicht dominieren.

Leider geht das aber in vielen Hunderatgebern verloren. Es geht hier darum, die Symbiose Hund-Mensch wieder herzustellen und gemeinsam als Team mit dem Hund zu lernen. Der Hund wurde in unsere Welt hineingeboren, nun ist es unsere Aufgabe, ihm unsere näherzubringen. In unserer Gesellschaft ist es für den Hund in einigen Bereichen sogar recht wichtig, einige Regeln zu kennen, um sich selbst und andere Menschen und Tiere zu schützen. Hunde möchten nicht die Weltherrschaft an sich reißen, sie möchten von uns mit Herz und Verstand durch das gemeinsame Leben begleitet werden.

Wir müssen deshalb hauptsächlich an uns arbeiten, damit sich das positiv auf den Hund auswirkt. Natürlich gibt es ein paar Faustregeln und Tipps, doch am Ende funktioniert jedes Mensch-Hund-Team individuell. Du bist individuell und dein Hund ist individuell. Ihr seid keine Maschinen, bei dem jeder Knopfdruck etwas Bestimmtes bewirkt. Gehe doch zu Beginn einmal in dich und überlege, was euch so individuell macht. Was schätzt und liebst du an deinem Hund? Welche ganz speziellen Verhaltensweisen hat dein Hund?

Am Ende dieses Buches hoffe ich, dass du ganz neue Seiten an euch kennengelernt hast und ein wenig Bauchgefühl mit in euer gemeinsames Leben lässt. Bauchgefühl wird oft von den vielen Google-Tipps und Hundetrainingsbüchern verdrängt. Kehre zurück zu einem natürlichen und etwas unkomplizierterem Alltag mit deinem Hund. Wir stehen uns hier oftmals selbst im Weg. Es gibt noch so viel mehr, als sich von anderen Hundehaltern oder von den Nachbarn ohne Hund die ultimativen Tipps geben zu lassen. Zu einem wertschätzenden und artgerechten Training gehört nicht nur, das Symptom abzutrainieren. Begeben wir uns auf eine Reise zu unserem Hund. Mit Teamarbeit und einer Portion Empathie sowie Intuition erledigen sich einige »Probleme« schon von selbst. Unsere Hunde werden es uns danken, wenn wir uns aus tiefstem Herzen für sie und ihre Bedürfnisse interessieren. Sie werden es uns danken, wenn ihre klare Kommunikation bei uns ankommt und wir auch ihr Verhalten verstehen. Es werden ganz automatisch viele »Aha-Momente« auf euch zukommen.

Richtig ist das, was für dich und deinen Hund funktioniert. Es gibt nicht den einen Weg. Bestimmt sind in diesem Buch ganz neue Ansätze für dich dabei und du kannst für euch etwas mitnehmen. Findet euren eigenen Weg. Fühlt euch als Team wohl, mit Bauchgefühl, Heartset und Mindset.

Inhalt

Aus Liebe zur Umwelt verzichten wir auf viele Fotos & Farbdruck.

Ziele im Zusammenleben mit dem Hund

In diesem Abschnitt möchte ich einmal über die Ziele im Zusammenleben mit Hund und im Training eingehen, damit du dir diese zunächst noch einmal vor Augen führen kannst. Hinterfrage doch ruhig einmal selbst, warum du einen Hund hältst? Bei mir ist es die Faszination Hund. Ganz einfach. Ein Hund wird nicht unbedingt gefragt, ob er mit uns zusammenleben möchte. Vielleicht würde er am liebsten seine eigenen Wege gehen. Auch das gibt es natürlich. Wenn also der Vierbeiner schon mit uns zusammenleben soll, müssen wir es ihm so angenehm wie möglich machen. Grundlage dafür ist es, den Hund verstehen zu lernen. Der Hund kann sich mittlerweile durch die Domestikation gegenüber dem Menschen sehr gut ausdrücken. Es ist nur mehr als fair, wenn auch wir seine Seite verstehen. Nur so ist es uns möglich, ein entspanntes Zusammenleben mit unserem Hund zu schaffen.

Ziele sind Zustände, die wir erreichen möchten und auf die wir unser Handeln ausrichten können. Doch warum ist es sinnvoll, sich eigene Ziele zu setzen? Wie stellst du dir das Leben mit deinem Hund vor?

Zunächst einmal bildet die ganz persönliche Zielsetzung das Fundament, auf dem das weitere Zusammenleben und das Hundetraining aufbauen. Schreibe dir ruhig mal deine Erwartungen auf. So kannst du sie immer verfolgen und eure Fortschritte noch besser erkennen. Das Aufschreiben bildet auch eine schöne Motivation. Klingt eigentlich ganz easy, oder? Aber du wirst merken, dass es vielleicht gar nicht so einfach ist, deine Zielsetzung klar zu formulieren. Oftmals fallen uns eher die negativen Dinge ein. Also das, was wir nicht möchten und das, was uns stört. Aber auch aus diesen Störfaktoren können wir wiederum gut ableiten, was wir überhaupt möchten. Deine Ziele sollten auf jeden Fall erreichbar und auch messbar sein. Wenn du dir deine Ziele zu hochsteckst, kommt schnell Frust auf, wenn du deine Erwartungen nicht erfüllst. Arbeite außerdem mit groben Zeitvorstellungen. So kannst du deine Ziele gut im Auge behalten. Die Motivation ist noch größer, wenn du dein persönliches Ziel tatsächlich erreicht hast.

Doch damit ist das Training natürlich nicht abgeschlossen. Fortschritte und Ziele müssen immer wieder nachgehalten und verfolgt

werden. So, dass bestimmte Aufgaben immer wieder gefestigt und verinnerlicht werden können. Das Gute daran ist, dass sich bei den meisten Einheiten mit der Zeit eine Routine einschleicht. Ganz automatisch werden diese Dinge in den Alltag eingebaut.

Je nachdem, wie euer Zusammenleben und euer gemeinsames Training bisher abläuft, können Ziele ganz unterschiedlich aussehen. Ziele können beispielsweise eine gute Leinenführigkeit, das Alleinbleiben des Hundes oder aber auch das Lernen bestimmter Signale sein. Die vorgenannten Beispiele beziehen sich speziell auf das Training des Hundes.

Meine Ziele haben sich mit der Zeit gewandelt. Mein Fokus liegt nicht mehr unbedingt auf Trainingserfolgen, sondern auf der inneren Zufriedenheit meiner Hunde. Dazu gehört auch, dass meine Hunde auch Hund sein dürfen und ihre Freiheiten haben. Das ist mir persönlich ganz wichtig. Dazu fällt mir ein sehr passendes Zitat von Robert Lembke ein: »Der Hund braucht sein Hundeleben. Er will zwar keine Flöhe haben, aber die Möglichkeit, sie zu bekommen«. Das trifft es ganz genau.

Hier sieht man, wie Ziele sich mit der Zeit eben auch verändern können. Wenn man sich diese Punkte im Vorfeld einmal aufgeschrieben hat, ist diese Verschiebung wirklich interessant zu beobachten.

Wie sieht euer Ziel aus? Um die Zielsetzung des Trainings greife ich das Beispiel Leinenführigkeit noch mal auf. Ganz konkret bedeutet das:

- Welches Verhalten soll mein Hund zeigen?
- Wann soll mein Hund das Verhalten zeigen?
- Wie lange soll mein Hund das Verhalten zeigen?
- Wo soll mein Hund das Verhalten zeigen?

Diese Fragen können auch auf alle anderen Trainingsziele gespiegelt werden. So haben wir ein konkretes und greifbares Ziel. Wir können den Fortschritt kontrollieren und haben eine gewisse Struktur und Motivation. Wenn wir uns hier also klar positioniert haben, fällt uns das Training um einiges leichter, als wenn wir auf gut Glück loslegen.

Ihr als Team seid wichtig

In Gesprächen mit anderen Hundehaltern fühlt man sich in einigen Punkten schon ein wenig unter Druck gesetzt. Großes Thema ist zum Beispiel die Auslastung des Hundes. Auch ich habe eine zeitlang immer versucht, täglich auf die Auslastungsstunden zu kommen. Die wurden mir so empfohlen und die wollte ich auch unbedingt erreichen, damit mein Hund sich wohlfühlt und ausgelastet ist. Bestimmt geht es euch manchmal ähnlich.

Nehmt euch diesen Druck heraus. Seid achtsam. Schaue, dass du auf eure persönlichen Befindlichkeiten eingehst. An einem Tag bist du von deinem Arbeitstag ziemlich gestresst und versuchst irgendwie noch diese 2–3 Stunden Auslauf hineinzuquetschen. Dieser Druck bringt euch als Team jedoch nicht weiter. Dein Hund merkt, wenn du angespannt bist und nimmt dieses Gefühl selbst auf. Nutze die Zeit lieber für eine intensive Zeit mit deinem Hund. Das kann zum Beispiel eine Kuscheleinheit sein, verweilen an einem schönen Ort in der Natur oder ein Spiel sein. Gerade bei unruhigen Hunden wirkt das Umdenken positiv. Auf das Gemüt angepasste Aktivitäten mindern also schlussendlich das Gefühl von Stress.

Bestimmte Trainingseinheiten, die dreimal in der Woche durchgezogen werden mussten, können durch angepasste Anforderungen sehr viel entspannter und mit einer Menge mehr Spaß zusammen absolviert werden. Ich kann nichts von meinem Hund verlangen, was ich selbst nicht oder nur bedingt erfüllen kann. Wenn ich sehr angespannt und gestresst spazieren gehe, kann ich also von meinem Hund nicht erwarten, völlig entspannt neben mir zu laufen. Bin ich schon aufgeregt, wenn es an der Tür klingelt, kann ich von meinem Hund nicht erwarten, ruhig liegenzubleiben. Diese Beispiele lassen sich beliebig fortführen. Wir müssen uns also selbst reflektieren, um aus unserem Hund das gewünschte Verhalten herauszukitzeln.

Doch nicht nur in Trainingssituationen gilt dieses Leitbild. Auch beim alltäglichen Zusammenleben in den eigenen vier Wänden gilt es, sich selbst zu reflektieren. Damit unsere Hunde uns Vertrauen, müssen wir natürlich auch ihnen vertrauen. Wir müssen es vermeiden, ihr Tun und Handeln immer wieder aufs Neue infrage zu stellen.

Ein weiterer wichtiger Grundstein, der jedoch oft stiefmütterlich behandelt wird: Freundlichkeit. Freundlichkeit drückt Respekt aus. Im positiven Sinne. Bist du unfreundlich, laut oder gar aggressiv gegenüber deinem Hund, wird er wohl kaum das gegenteilige Verhalten zeigen. Dieses zieht sich dann auch beim Training weiter durch. Wir müssen unseren Hunden keine Kommandos entgegenbrüllen, damit sie diese verstehen und umsetzen. Wer ein solches Verhalten gegenüber seinem Hund zeigt, bewirkt vielleicht, dass der Hund das Kommando ausführt. Ich persönlich möchte aber, dass meine Hunde sich beim Training und auch im häuslichen Zusammenleben wohlfühlen. Brüllen und unkontrolliertes Verhalten wäre hier fehl am Platz, denn die Hunde würden sich alles andere als gut fühlen.

Freundlichkeit lässt sich auch wunderbar im Umgang zwischen Hunden untereinander beobachten. Es gehört zum guten Ton, nicht geradewegs auf der Wiese auf einen Artgenossen zuzustürmen. Ein höflicher Hund macht einen Bogen und nähert sich mit entspannter und aufmerksamer Körpersprache. Individualdistanz gibt es auch bei unseren Vierbeinern. Missachtet ein Hund diese, wird er zurechtgewiesen. »Hey, das ist nicht in Ordnung«. Gerade bei noch jungen Hunden oder bei Hunden, welche die feine hündische Art noch nicht erlernt haben, kommt das häufig vor. Im Normalfall sind Hunde darauf aus, Konflikte zu vermeiden. Diese Gesten werden also in der Regel gern angenommen und akzeptiert. Wie wir also an der Reaktion des zurechtweisenden Hundes erkennen, wird auch hier freundlich aber bestimmt auf das unpassende Verhalten eingegangen. Ein gut sozialisierter Hund würde in dieser Situation nicht direkt aggressiv die Initiative ergreifen. Meistens reicht schon ein kurzes Knurren, um den anderen Hund auf sein Verhalten aufmerksam zu machen.

Wir verlangen außerordentlich viel von unseren Hunden. Am besten soll auch alles schnell gehen. Wir müssen aber unseren Hunden die nötige Zeit geben, sich zurechtzufinden und sich auf uns einzulassen.

Woher sollen sie wissen, dass wir es gut mit ihnen meinen? Das ist bei unseren Hunden also ähnlich wie im zwischenmenschlichen Kontakt. Eine vertraute Basis erreicht man nicht in kürzester Zeit. Vertrauen und Bindung muss wachsen.

Doch genau wie wir Menschen dürfen auch Hunde Fehler machen. Aus Fehlern entwickelt man sich weiter. Ob Hund oder Mensch. Das Zusammenleben mit einem Hund bietet wunderbare Möglichkeiten, sich selbst neu kennenzulernen und immer neue Herausforderungen zu meistern. Gelassenheit im Zusammenleben als Mensch-Hund-Team ist einer der wichtigsten Punkte. Wir erwarten einen entspannten Hund. Was würden wohl unsere Hunde von uns erwarten? Ich vermute, die Erwartungshaltung der Hunde an uns wäre sehr viel niedriger als umgekehrt.

Die Bindung zwischen Mensch und Hund

2.

Leider geht das Thema Bindung in vielen Ratgebern, aber auch in vielen Hundeschulen oft verloren. Bindung ist das Grundkonstrukt, auf dem das Zusammenleben mit Hund und das Hundetraining aufbaut. Es heißt einerseits »Der Hund ist der beste Freund des Menschen«. Doch im gleichen Atemzug wird oft behauptet »Der Hund muss funktionieren«. Vom Grundgedanken her passen diese beiden Punkte nicht zusammen. Das »Funktionieren« klingt eher nach einer Maschine. Man drückt den einen Knopf, damit die Maschine eine bestimmte, programmierte Aufgabe erfüllt. Doch mit »Freundschaft«, wie viele Hundebesitzer die Beziehung zwischen Mensch und Hund bezeichnen, hat das wenig zu tun. Freundschaft bedeutet Vertrauen und Bindung. Freunde gehen mit uns einen gemeinsamen Weg und stehen uns bedingungslos zur Seite. So wie wir es auch für unsere Freunde tun. Unseren menschlichen Freunden würden wir doch mit Sicherheit auch nicht sagen, wie sie funktionieren sollen. Wir pressen unsere Haustiere in Muster und Formen, so wie sie zu sein haben. Wesen, Gefühle und Charakter des Individuums werden vernachlässigt. Wir züchten Wachhunde und verbieten ihm dann zu bellen. Wir züchten Jagdhunde und verbieten ihnen zu jagen. Welch ein Irrsinn, wenn man das mal ganz objektiv betrachtet.

Stellen wir uns einmal vor, wir empfinden freundschaftliche Zuneigung für einen neuen Menschen in der Nachbarschaft. Die Person ist nett, wir verstehen uns auf Anhieb. Doch dieser neue Nachbar kommt aus einem anderen fernen Land. Er versteht unsere Sprache nicht und ist auch kulturell noch in einer uns wiederum völlig fremden Welt. Was machen wir, wenn wir freundschaftliche Gefühle mit diesem Menschen entwickelt haben? Genau, wir versuchen, ihm zu helfen, um sich schnell in seiner neuen Umgebung zurechtzufinden. Gemeinsam bauen wir Vertrauen auf und wir zeigen ihm alles, was ihm bisher fremd war. Wir lassen uns auf diesen Menschen und seinen Charakter ein und gehen mit ihm gemeinsam diesen Weg. Doch dies tun wir nicht, in dem wir ihm befehlen, wie er funktionieren muss.

Gleiches sollten wir also auch auf unsere Hunde projizieren. Es ließen sich beliebig viele weitere Beispiele aufführen, die sich auf unsere menschliches Zusammenleben herunterbrechen ließen. Ein

Hund lebt sogar als Familienmitglied mit uns zusammen. Bestenfalls begleitet uns unser Vierbeiner viele, viele Jahre. Gehen wir also mit ihm zusammen als Team den Weg durch sein Hundeleben. Wir erklären ihm zwar, wie unsere Gesellschaft funktioniert und leiten ihn an, sich hier gut einzufügen. Das funktioniert natürlich am besten, wenn wir zu ihm eine gute und fundierte Bindung haben. Viele Menschen erwarten immer so viel von ihrem Hund, tun aber leider viel zu wenig dafür, damit es überhaupt funktionieren kann. Es fehlt an menschlicher Geduld, Disziplin und besonders an Empathie und Verständnis.

Was ist Bindung überhaupt?

Spulen wir mal ein wenig vor und beleuchten den Begriff Bindung ganz objektiv. Die Hundepsychologie hat in vielen Punkten Ähnlichkeit mit der Humanpsychologie. Daher können wir hier den Begriff »Bindung« aus dem menschlichen Kontext auch in die Hundewelt spiegeln. Die Definition habe ich daher einmal ganz pragmatisch auf den Hund übertragen. So lässt sich das große Wort »Bindung« am besten objektiv erklären:

Bindung ist das emotionale Band, die enge emotionale Beziehung zwischen Mensch und Hund. Der Hund entwickelt eine spezielle Beziehung zu seinen Menschen oder anderen ihm wichtigen Bezugspersonen. Bei für den Hund gefährliche Situationen (Bedrohung, Angst, Schmerz) sucht der Hund Schutz und Beruhigung bei seinen Bezugspersonen und möchte diese erhalten. Gerade in Alarmsituationen oder dem Bedürfnis nach Nähe und Körperkontakt wird dieses Bindungsverhalten aktiviert. In bedrohlichen Situationen, die in dem Hund Stress auslösen, wie beispielsweise durch Distanz zur Bezugsperson, bei Angst, oder wenn es ihm nicht gut geht oder der Hund gar Schmerzen hat, löst im Hund das Bindungsverhalten aus.

Im Endeffekt geht es also um eine emotionale Beziehung zwischen Mensch und Hund. Je besser die Intensität dieser Bindung ist, desto besser kann ein Hund seine Umwelt mit neuen Reizen entdecken und verarbeiten.

Bindung muss aber wachsen. Zieht ein neuer Hund in unser zu Hause, so haben wir nicht sofort eine Bindung zueinander. Zunächst haben wir eine Beziehung, denn wir haben uns ja schließlich für diesen Vierbeiner entschieden. Eine Beziehung stellt zunächst einmal eine Konstellation zwischen dir und deinem Hund dar. Sie kann positiv, aber auch negativ sein. Sie kann recht oberflächlich, aber auch sehr emotional und tiefgründig sein. Erst wenn diese Beziehung sehr werthaltig und emotional ist, kann eine Bindung zwischen euch entstehen. Aber das dauert seine Zeit bis ein emotionales Band aufgebaut ist und wir das Gefühl haben, nicht mehr ohne dieses Band sein zu wollen.

Eine enge Bindung entsteht durch gemeinsame Erlebnisse, Erfahrungen, Erfolge und Erinnerungen die ihr gemeinsam durchlebt. Die Bindung kann allerdings nur durch positive Erfahrungen entwickelt werden. Durchweg negative Erlebnisse führen in der Regel nicht zu einer Bindung, sondern eben nur zu einer Beziehung.

Halten wir also fest:

Beziehung: Sie kann neutral, oberflächlich, negativ als auch positiv sein.

Bindung: positiv, tiefgründig.

Auch diese Tatsache lässt sich am besten mit der Beziehung zweier Menschen zueinander vergleichen. Haben wir einen neuen Lebenspartner an unserer Seite, haben wir in der Regel nicht vom ersten Tag an eine Bindung zueinander.

Wir haben eine Beziehung, aber keine Bindung. Klar, wir finden denjenigen nett und toll und haben einen Bezug zu dieser Person. Aber Bindung wächst auch hier erst mit der Zeit durch gemeinsame Höhen, Tiefen und Erlebnisse.

Haben wir eine Bindung zu unserem Hund aufgebaut, heißt es jedoch nicht, dass der Hund die gleiche Intensität der Bindung spürt. Auch hier wieder der Vergleich zur menschlichen Beziehung. Die Bindung basiert auf zwei Seiten. Beide Seiten müssen wir ganz genau in Betracht ziehen. Denn wenn ein Hund gefallen möchte und aufs Wort hört, hat das nicht zwangsläufig etwas mit der Bindung zu tun. Es kann auch sein, dass der Hund negative Konsequenzen erwartet und diese möglichst vermeiden möchte. Meistens sagen wir Hundebesitzer wie aus der Pistole geschossen: »Klar, ich und mein Hund haben eine richtig feste Bindung«. Manchmal erkennt das ein Außenstehender aber so nicht und stellt eben nur eine Beziehung in diesem Team fest. Dieses sind die kleinen, aber feinen Unterschiede in der Wahrnehmung und Beobachtung. In den folgenden Abschnitten wird die Ausgeglichenheit der Bindungsintensität noch näher betrachtet.

Hundeerziehung damals & heute

Hunde brauchen **Geborgenheit**. Dieses Bedürfnis ist seit Jahrhunderten in unseren Hunden verankert und stammt noch von ihren Vorfahren, den Wölfen ab. Wölfe leben in freier Wildbahn in einem Familienverbund zusammen. Zu diesem Familienverbund zählen das Elternpaar, Jungwölfe und Welpen. Und auch hier baut das Zusammenleben auf Vertrauen und Bindung auf. Bindung ist überlebenswichtig. Wäre dies nicht gegeben, bestünde ihr Familienleben aus Kampf und Verteidigung. Dem ist natürlich nicht so. Nach einem Leben voller Verteidigungsbereitschaft und Angst sehnen sich auch unsere Haushunde nicht. Ganz im Gegenteil.

Wenn man sich beispielsweise in den 80ern und 90ern mit dem Trainieren und Halten von Hunden beschäftigt hat, sah alles noch ganz anders aus. Die Erziehungsmethoden hatten damals kaum etwas mit Bindung zu tun, das Funktionieren stand an erster Stelle. Leider wurde das Funktionieren meistens mit Härte, Druck und Angst dem Hund nahe gebracht. Aversive Mittel waren an der Tagesordnung. Es spukte noch in den meisten Köpfen die Geschichte des »Alpha« im Kopf herum. Es gab also eine ganz strenge hierarchische Ordnung.

Man muss allerdings dazu sagen, dass es weitaus weniger Probleme mit den Familienhunden gab als heute. Aus heutiger Sicht lässt sich das noch ganz gut mit den ländlichen Gefilden in beispielsweise den USA oder Afrika vergleichen. Dort ist es immer noch häufig der Fall, dass Hundetrainer oder Hundepsychologen hier wirklich fehl am Platze wären.

Das lässt sich am Beispiel der Hofhunde ganz gut erklären. Hofhunde lebten zwar irgendwie mit der Familie zusammen und wurden versorgt, jedoch hatten diese Hunde einen Job zu erfüllen. Meistens galt es, das eigene Territorium, also den Hof, zu bewachen und zu schützen. Es wurden ansonsten kaum Erwartungen an den Hund gestellt. Der Tagesablauf eines Hofhundes bestand aus Kontrollgängen seines Reviers, fressen, ruhen und halt eben dem Bewachen des

Hofes. Diese Hunde wurden nicht zum Hundesport gebracht und ihnen wurde auch nicht den ganzen Tag erklärt, was sie zu tun und zu lassen haben. Knurrte ein Hund, wenn jemand ihm seinen Knochen wegnehmen wollte, war das ganz normales Verhalten. Darüber wurde sich nicht den Kopf zerbrochen und es wurde nicht als »Problemverhalten« dargestellt.

Doch auch heute tragen noch viele Menschen veraltete Ansichten von Hundeerziehung in sich – obwohl man es mittlerweile besser weiß. Kaum zu glauben, aber folgendes Beispiel höre auch ich noch besonders oft. Ein Hundehalter erkennt ein Problem mit der Leinenführigkeit. Der Hund zieht permanent nach vorne. Der Halter holt sich also bei einem »Experten« Rat. Für viel Geld wird dem Hundehalter dann beigebracht, wie der Hund durch kräftigen Leinenruck die Aufmerksamkeit zum Leinenhalter lenkt. Das an der Leine ziehen wird dadurch abtrainiert, denn der Hund hat nun endlich wieder Augen für seinen Halter. Mag vielleicht zunächst funktionieren, jedoch auf Basis von Angst. Ein Armutszeugnis.

Die moderne Hundeerziehung heute geht an das Thema Hundeerziehung und Zusammenleben mit Hund mit Herz und Verstand heran. Hunde müssen nicht alles perfekt ausführen, so wie es der Mensch erwartet. Hunde dürfen Hund sein. Es geht nicht nur um die perfekte Erziehung. Endlich. Als würde es uns plötzlich wie Schuppen von den Augen rieseln. Gut so! Hier müssen wir anknüpfen! Öffnen wir unser Herz für das intensive und schöne Gefühl eines Hund-Mensch-Teams.

Wirkönnenalsofesthalten,dassvieleProblemeimMensch-Hund-Konstrukt aus dem Wandel unserer Gesellschaft herrühren. Unsere Gesellschaft ist sehr viel schnelllebiger geworden. Es entwickeln sich ständig neue Trends rund um das Thema Beschäftigung, Training und auch Zubehör für das geliebte Haustier. Die Menschen wollen überall dabei sein, nichts verpassen. Man wird regelrecht zugeschüttet von neuen Trainingsmethoden und Wundermitteln. Jeder schwört allein auf seine Methode, alles andere wird gar nicht betrachtet. Wie soll man da den Überblick behalten? Das Wundermittel hierzu lautet: Bauchgefühl.

Auch in Hundeschulen sollte man keine Trainingsvarianten übernehmen, bei der wir uns nicht gut fühlen. Wir strahlen unser Unwohlsein aus, das merkt natürlich auch der Hund. Hunde achten extrem auf unsere Körpersprache, denn das ist ihr Kommunikationsmittel Nr. 1. Habt also den Mut, authentisch zu sein und sagt auch mal »Nein« zu Trainern und ihren Trainingskonzepten. Richtig ist das, war ihr als richtig empfindet. Tipps und Tricks können immer hilfreich sein, man sollte sich aber nicht in andere Konzepte pressen lassen, die uns und unserem Hund nicht guttun.

Der Hundebesitzer neigt oft dazu, seine Bedürfnisse über denen des Hundes zu stellen. Der Mensch möchte an Wettbewerben mit dem Hund teilnehmen. Doch möchte der Hund das auch? Der Mensch möchte Dogdancing machen. Doch möchte das der Hund auch? Es gilt, sich hier selbst zu reflektieren und auf das Bauchgefühl zu hören, ohne die großen Worte der Medien und der anderen Leute ständig aufzusaugen. Achtsamkeit gegenüber des eigenen Hundes sollte eigentlich eine Selbstverständlichkeit sein. Doch Achtsamkeit und Bauchgefühl wird, wie gesagt, von anderen – eigentlich unwichtigen – Punkten niedergeschmettert.

Stellen wir uns die Frage, was wir für unseren Hund sein möchten. Möchten wir das herrische Familienoberhaupt sein? Möchten wir ein vertrauter Partner sein, der dem Hund Sicherheit gibt? Also ich für meinen Teil möchte kein herrisches Familienoberhaupt sein. Ich möchte für meinen Hund tatsächlich der »beste Freund sein«. Wie du bestimmt auch, sehe ich meinen Hund als Persönlichkeit mit ganz individuellem Wesen und Gefühlen. Eine enge Bindung ist für mich der wichtigste Punkt zwischen mir und meinem Hund.

Warum ist die Bindung so wichtig?

Zu Anfang kann ich sagen, dass Bindung und Vertrauen das Zusammenleben mit einem Hund auf ein ganz neues Level bringt. Auch das Training macht mit dieser vertrauten Grundstimmung einfach so viel mehr Spaß. Bindung wirkt außerdem auf euer Zusammenleben und den Alltag aus. Das Gefühl, wenn sich mein Hund zu mir umdreht und mich mit diesem vertrauten Blick ansieht – unbeschreiblich. Wir wissen, wie der jeweils andere tickt und kennen seine Stärken und Schwächen. Dieser Fakt erleichtert das Zusammenleben außerordentlich. Doch warum ist diese Connection so wichtig?

Bindung gibt in erster Linie **Sicherheit und Vertrauen**. Bestimmt ist es für unseren Hund im ersten Augenblick schön, wenn er tun und lassen darf was er will und einfach nur frei herumtoben darf. Doch es ist auch elementar für ein harmonisches Zusammenleben mit deinem Hund, ihm einen gewissen Rahmen zu geben. Hunde testen sehr wohl, wie weit sie mit ihrem Handeln gehen können. Doch gerade diese Struktur, die du deinem Hund in seinem Leben gibst, gibt deinem Hund wiederum die nötige Sicherheit. Es geht dabei keinesfalls darum, ihn zu unterdrücken oder ihn zu dominieren. Durch eine gute Bindung zeigen wir unserem Hund, wie weit er gehen kann. Übrigens auch zu seiner eigenen Sicherheit. Er orientiert sich anhand unserer Bindung an uns. Diese Orientierung gibt ihm und auch uns die nötige Sicherheit. Damit ist es möglich, unseren Hunden auch eine gewisse Freiheit zu gewähren. Beispielsweise kann der Freilauf so in vollen Zügen genossen werden. Nur mit der nötigen Bindung ist der Hund nicht auf und davon, sobald wir ihn von der Leine lassen. Er orientiert sich an uns. Dieses Beispiel zeigt uns, wie wichtig dieses Vertrauen für beide Seiten ist. Denn auch wir vertrauen unserem Hund, sodass dieser nicht die Flucht ergreift und in unserer Nähe bleibt.

Wir können unserem Hund also mit Bindung und Sicherheit ein Leben bieten, in dem er sein artspezifisches Verhalten ausleben darf. Das ist natürlich in unserer dicht besiedelten Umgebung manchmal nicht ganz so einfach wie gewünscht, doch im Rahmen der Möglichkeiten sollten wir den Hund dann auch Hund sein lassen dürfen. Ohne ständige Kommandos. Wir müssen aber bedenken: Unsere und damit auch seine Freiheit endet da, wo die Freiheit eines anderen beginnt. Konkret heißt das, dass wir trotz allem darauf achten müssen, dass unsere Hunde auch im Freilauf keine anderen Lebewesen belästigen oder gefährden.

Probleme, die wir aus unserer Sicht im Verhalten des Hundes sehen, geben wir ohne Bindung einen riesigen Raum. Eine fehlende Bindung lässt die negativen Seiten in allen Punkten sehr viel mehr in den Fokus rücken. Die häufigste Kommunikation besteht aus »Nein«, »Lass das«, »du sollst nicht«, »du darfst nicht« und so weiter und so fort. Viele positive Dinge rücken immer mehr in den Hintergrund und werden gar nicht weiter beachtet. Doch gerade das Positive gibt uns und unserem Hund die nötige Motivation und den nötigen Spaß. Wenn wir positiv an das Training und an das Zusammenleben herangehen, gibt das dem Leben eine Menge Leichtigkeit. Den sogenannten Problemen sollten wir nicht die Möglichkeit geben, alles andere zu dominieren.

Bindung schafft **Respekt**. Die im vorherigen Abschnitt beschriebene positive Denkweise und eine große Portion der Bindung schafft es, sich mit Respekt zu begegnen. Mit Respekt meine ich jedoch nicht jenen Respekt im negativen Sinne, der mit Furcht oder Unwohlsein verbunden ist. Positiver Respekt lautet das Zauberwort: Wir gehen höflich mit unserem Hund um und wir behandeln ihn im besten Fall genauso, wie wir an seiner Stelle gern behandelt werden würden. Allein durch diese Tatsache verhält sich unser Hund wiederum gegenüber uns. Er respektiert das, was wir gerade von ihm möchten. Gerade in gefährlichen Situationen ist das wichtig. Das hat im Übrigen auch ein bisschen was mit Stimmungsübertragung zu tun. Wir respektieren uns also im Mensch-Hund-Team gegenseitig. Es entsteht in einer gewissen Seite eine Symbiose durch Bindung und Respekt. Wir respektieren zum einen den Hund in seinem Wesen und geben ihm Sicherheit, versorgen ihn und versuchen ihn, so gut wie möglich artgerecht auszulasten. Der Hund wiederum respektiert unsere Art Mensch und respektiert das, was wir gerade von ihm verlangen. Überspitzt gesagt frei nach dem Motto »Die Hand, die mich füttert, beißt man nicht«. Die höfliche und respektvolle Kommunikation mit unseren Hunden werden in den weiteren Kapiteln noch näher beleuchtet.

Bindung schaffen

Ich habe schon oft den Satz gehört »Mein Hund nervt mich so, so kann ich keine richtige Bindung zu ihm aufbauen«. Doch genau hier fängt es an. Das ist der wichtigste Punkt. Um eine emotionale Beziehung und eine enge Bindung zu deinem Hund aufzubauen, lerne deinen Hund so zu lieben, wie er ist. Wie der Mensch auch, hat dieser Hund Stärken, Schwächen und ganz individuelle Wesenszüge. Nehme ihn so an, wie er in seiner vollen Pracht auch wirklich ist. Wir haben uns für diesen Hund entschieden und auch er nimmt uns so, wie wir sind mit unseren Stärken und Schwächen. Doch er liebt uns bedingungslos, trotz oder gerade wegen unserem Wesen. In gleicher Weise sollten wir also auch unser Herz für unsere Hunde öffnen. Damit unser Hund uns also vertraut, was wiederum die Bindung mehr und mehr stärkt, müssen wir unserem Hund zunächst Vertrauen entgegenbringen. So hat er die Chance, selbst Vertrauen und eine gute Bindung aufzubauen, die dann beiderseits über Monate und Jahre stärker und stärker wird. Ihr lernt euch täglich besser kennen. Durch Akzeptanz, Fairness, Empathie und Liebe können wir eine bedeutsames und enges Band zwischen uns und unseren Hunden schaffen. Wie im vorherigen Abschnitt beschrieben, bringt auch das beste Training ohne Bindung nur wenig.

Nachdem wir nun erfahren haben, warum Bindung in der Mensch-Hund-Symbiose wichtig ist, geht es um das »Wie«.

Greifen wir doch mal wieder das Beispiel »Gassi gehen« auf. Wie erreiche ich ganz konkret, dass sich mein Hund an mir orientiert und mich auch bewusst wahrnimmt und das im positiven Sinne? Hier geht es in erster Linie um Achtsamkeit. Ein Trainingsbeispiel:

Schon bevor du mit deinem Hund aus der Türe gehst, geht das Bindungs- und Aufmerksamkeitstraining auch schon los. Wer kennt es nicht: Der Hund springt schon freudig um dich herum und will am liebsten schon direkt hinausstürmen. Du weißt schon, die hündischen Gedanken werden bei allem anderen sein, aber nicht bei dir.

Es gilt zunächst, Ruhe in das Geschehen zu bringen. Statt deinen Hund in dem Chaos anzuleinen und möglichst zackig rauszugehen, lasse deinen Hund sich kurz hinsetzen, bevor du ihn an die Leine nimmst. Das scheint zunächst ein wenig schwierig. Ein wertvoller Satz, den ich mir dann vor Augen führe: »Immer geduldiger sein, als der Hund«. Gehe notfalls einfach in die entgegengesetzte Richtung im Flur. Wenn du merkst, dass dein Hund ein wenig zur Ruhe kommt, gebe ihm das Signal »Sitz«. Gerne gefolgt von einem Leckerchen. Leine deinen Hund dann an, gehe zusammen mit ihm zur Haustüre und wiederhole das Signal »Sitz«. Leckerchen. Öffne dann die Haustür, ohne jedoch schon hinauszugehen. Dein Hund ist weiterhin im Sitz. Wenn es für dich in Ordnung ist, gebe ihm nun ein Auflösezeichen, sodass dein Hund nun mit dir den Spaziergang starten kann. Am besten ist es, wenn du als Erstes durch die Tür gehst. Ja, das klingt ziemlich abgedroschen, wegen dem Thema »das Alphatier geht als Erstes durch die Tür«. Aber darum geht es bei dieser Übung ganz und gar nicht. Bei diesem Start zum Spaziergang geht es um einen völlig anderen Kontext. Es geht dabei darum, dass du schon vor dem eigentlichen Gassi gehen die Verbindung zwischen dir und deinem Hund schaffst. Ihr geht als Team hinaus. Nicht jeder für sich, sodass die einzige Verbindung die Leine ist. Der Fokus liegt zu Hause also zunächst auf dir. Du gehst als Erstes hinaus und zeigst deinem Hund damit ein Stück Sicherheit. Du weißt, was du da tust und vermittelst es ihm damit auch.

Unterwegs gilt es, die Bindung aus dem Flur mitzunehmen. Dabei eignen sich zum Beispiel das Lieblingsspielzeug, Körperkontakt, verbale Belohnungen und freundliche Ansprache, ein Spiel oder besonders tolle Leckerchen als Highlight. Du machst dich damit ziemlich interessant für deinen Hund, besonders wenn du die Belohnungen variabel einsetzt. Also unvorhersehbar für deinen Hund. So lernt dein Hund, seinen Fokus auch draußen auf dich zu lenken. Denn du bist ja spannend und hast was ganz tolles dabei. Ein kleines Spiel oder eine Streicheleinheit können immer wieder als Überraschung eingebaut werden. Es lohnt sich also für ihn. Durch diese Aufmerksamkeit stärkst du ganz automatisch eure Bindung. Denn ihr geht als Team und ihr orientiert euch aneinander. Ihr blickt einander an. Bestätige deinen Hund ruhig bei jedem Sichtkontakt, der von ihm aus kommt. Nutze hier auch gerne eine variable Belohnung, damit es nicht zu vorhersehbar wird. So bleibt die Spannung für den Hund erhalten. Er kann vorher nicht abwägen, ob es sich lohnt, für das Futterstück den Blickkontakt aufzunehmen. Denn es kann ja auch etwas ganz anderes sein, was noch viel lohnenswerter ist. Die variable Belohnung kann zum Beispiel, wie oben bereits erwähnt, ein Leckerchen, eine Streicheleinheit, ein kleines Spiel oder einfach ein Lächeln sein. Das kommt ganz auf deinen Hund an, denn jeder Hund ist individuell. Du merkst bald, dass dein Hund sich mehr und mehr an dir orientiert. Ihr habt damit endlich die so wichtige Connection gefunden.

Zweisamkeit und Körperkontakt

Zweisamkeit und körperliche Nähe sind für die Bindung immens wichtig und können die Bindung auf ein ganz neues Level befördern. Kuscheln, Streicheleinheiten und einfach die gemeinsame Zeit genießen, gehören dazu. Hier ist darauf zu achten, inwieweit sich dein Hund dabei wohlfühlt. Es gibt Hunde, welche sich bei zu viel Nähe nicht sonderlich wohlfühlen. Sie lassen sich vielleicht mal gerne im Vorbeigehen tätscheln, aber so wirklich viel Nähe in Form von kuscheln wünschen sie sich nicht. Das muss natürlich respektiert werden, denn ansonsten erreicht man wieder das Gegenteil zur gewünschten engen Bindung. Der Hund erträgt eventuell die Nähe, bis es endlich vorbei ist. Er verknüpft diese Situationen aber nicht mit etwas Positivem, sondern behält das eher als negativ in Erinnerung. Gerade das wollen wir natürlich vermeiden.

Andere Hunde hingegen lieben es, nahe beim Menschen zu sein. Sie fordern das Kuscheln oft auch selbstständig ein. Diesen Hunden kann man auch ganz gut Massagen anbieten. Man krault langsam durch das Fell und übt sanften Druck auf die Muskulatur des Hundes aus. Wichtig ist hier auch, selbst entspannt bei der Sache zu sein. Nur so kann auch dein Hund entspannen. Würden wir von einem völlig entnervten Masseur behandelt werden, würden auch wir nicht so richtig entspannen können. Die Handbewegungen sollten fließend sein und sich über den gesamten Hundekörper bewegen. Bei dieser Art von Zweisamkeit und Nähe wird das körpereigene Hormon Oxytocin ausgeschüttet – beim Hund als auch beim Menschen. Oxytocin wird auch als »Kuschelhormon« oder »Wohlfühlhormon« bezeichnet und trägt zur Entspannung bei. Man merkt bei dieser Massage oder beim Kuscheln recht gut, ob sich der Hund entspannt und es ihm angenehm ist.

Bestimmt hast du auch schon mal einen tiefen Seufzer oder ein gemächliches Schmatzen gehört – gut gemacht!

Einige Hunderassen, wie zum Beispiel der Labrador haben durch die Zuchtauslese einen gewissen »Will to please«. Sie arbeiten schon immer eng mit Menschen zusammen. Sie mögen zwar einige Dinge nicht, aber das Bedürfnis, dem Menschen zu gefallen, ist gerade höher. Achte also ganz genau auf das Verhalten deines Hundes, handele danach und lasse ihm seine Freiheiten.

Die Zweisamkeit solltest du ganz bewusst in den Alltag mit einbeziehen. Die Zeit zu zweit sollte nicht gerade dann stattfinden, wenn man unter Zeitdruck steht oder man selbst viel zu gestresst ist, um sich zu entspannen und auf den Hund einzugehen. Diese »Qualitytime« ist eine der wichtigsten Bausteine für eine enge Bindung und ein starkes Vertrauen.

Auch für Mehrhundehalter gilt dieser Aspekt vielleicht sogar ganz besonders für sie. Zweisamkeit ohne die anderen Hunde aus dem Haushalt hat eine ganz andere Qualität, denn man richtet seine Achtsamkeit in diesen Momenten nur auf den einen Hund als Individuum. Die Zeit nur mit dir ist für den einzelnen Hund ein ganz besonderes Geschenk. Er muss dich in dieser Zeit nicht mit den anderen

teilen und genießt dieses Privileg. Mit mehreren Hunden kann man sich als Mensch nie zu einhundert Prozent auf einen einzelnen Hund konzentrieren und ihm die gesamte Aufmerksamkeit schenken. Zeit ohne Handy, weitere Menschen oder Hunde tut auch uns selbst oft sehr gut. Aus diesen Aspekten ist es wichtig, sich immer mal wieder diese Zeit zu nehmen und die Momente bewusst zu genießen.

Spaß und Erfolg!

Spaß schafft Bindung! Positive gemeinsame, spaßige Erlebnisse schweißen euch noch enger zusammen. Wenn man mit einem Hund jeden Tag morgens und abends die gleiche langweilige Gassirunde läuft, hat das im Übrigen nichts mit Spaß zu tun. Klar, es gibt Tage, da fallen Spaziergänge vielleicht mal etwas kürzer aus. Aber im Normalfall sollten wir versuchen, auch auf Spaziergängen Spaß zu schaffen. Immer nur Sitz, Platz und Bleib zu üben langweilt den Hund irgendwann. Sein Fokus liegt dann ganz woanders, nur nicht bei euch.

Wie wäre es denn mit einer kleinen Futtersuche im hohen Gras? Auch das ist wunderbar gemeinsam zu erleben, indem man Hilfestellungen gibt oder dem Hund die Richtung weist.

Gemeinsam ein paar Hindernisse im Wald meistern oder ausgelassen toben? Das Erlernen kleiner, neuer Tricks? Gemeinsame Erfolge stärken die Bindung. Nebenbei bilden diese Übungen ein tolles Konzentrationstraining für den Hund. Wenn der Hund zwar an eurer Seite, aber auch selbstständig Erfolge erarbeitet, stärkt dies das Selbstbewusstsein des Hundes.

Auch ein Dummytraining oder das Apportieren von Spielzeug sind für viele Hunde wunderbare Abwechslungen während des Spaziergangs. Verstecke einfach mal sein Lieblingsspielzeug unter dem Laub oder in einer hohen Wiese. Du wirst sehen, wie viel Freude dein Hund beim Suchen hat und sein Erfolgserlebnis mit dir zusammen feiert.

Es gibt viele Hunde, die es lieben, durch Matsch und Pfützen zu rennen. Gönnen wir ihm doch diesen Spaß und machen vielleicht sogar mit. Wichtig ist auch hier, dass man schaut, was zum jeweiligen Hund passt. Es geht ja darum, dass der Hund Spaß mit euch zusammen hat. Dein Hund lernt, dir zu vertrauen. Positive Erlebnisse sind Gold wert für die Bindung. All diese kleinen Dinge schweißen dich und deinen Hund enger zusammen.

Achtsamkeit ist hier besonders wichtig. Macht das, was dem Hund Spaß macht. Er darf nach Lust und Laune entscheiden, wonach ihm ist. Zwinge ihn bitte nicht, es gibt immer einen Grund, warum er dieses oder jenes gerade nicht machen möchte. Möglicherweise hat er Angst oder gar Schmerzen. Wie gesagt, Achtsamkeit und Verständnis! Diese Erlebnisse sind so nachhaltig für euch und eure Teambindung.

Vertrauen und Bindung ergänzen sich gegenseitig. Aus Vertrauen wächst Bindung und aus Bindung wächst Vertrauen.

Ein Beispiel aus eigener Erfahrung passt ganz wunderbar zum Thema Vertrauen. Es zeigt uns, wie wir selbst unser Vertrauen gegenüber dem Hund ganz gut vor Augen halten können. Meine Hunde lieben es, sich im Garten frei zu bewegen. Sie gehen ihrer Wege, schnuppern, schauen sich die Vögel an und haben einen Blick darauf, wer sich unserem Grundstück nähert. Sie wissen ganz genau, in welchem Bereich sie sich frei bewegen dürfen. Hier lassen wir sie auch meistens ganz in Ruhe, damit sie sich nicht ständig kontrolliert fühlen und auf eigene Faust erkunden dürfen. Ein kleiner Teil des Gartens ist nicht eingezäunt. Es wäre also möglich, dass die Hunde doch durch eine kleine freie Stelle hinaus in den Nachbargarten huschen. Eigentlich vertraue ich meinen Hunden, dass sie nur in unserem Garten bleiben. Doch manchmal ertappe ich mich selbst dabei, wie ich sie durch das Fenster hinaus beobachte oder aus dem Blickwinkel mal schaue, ob noch alles in Ordnung ist. Ein paar Mal bin ich dann tatsächlich auch schnellen Schrittes raus in den Garten, weil ich meinte, gesehen zu haben, dass die beiden sich vom Grundstück weg bewegen. Die Hunde schauten ganz irritiert, denn eigentlich haben sie nur ein wenig in der Luft herum geschnuppert und das Gras durchstöbert. Hier gibt es also tatsächlich noch Raum, das Vertrauen noch viel weiter aus- und aufzubauen. Eigentlich weiß ich, dass die Hunde nicht stiften gehen, aber trotzdem kontrolliere ich unbewusst, ob dem auch so ist. Bestimmt kennt jeder diese Situationen, in denen man sich dann doch nicht zu einhundert Prozent sicher ist. Unsere Unsicherheiten und Zweifel könne sich immer auch negativ auf das Vertrauensverhältnis auswirken.

Wir sollten unseren Hund manchmal eben doch viel mehr Vertrauen und ihnen auch etwas zutrauen. Denn die Hunde merken, wenn wir sie beobachten, auch wenn es nur aus dem Augenwinkel ist. Eine gute Übung ist, sich nicht jedes Mal dem Bedürfnis nach Kontrolle hinzugeben. Vielleicht einfach nur jedes zweite Mal.

Auch bei anderen Situationen im Alltag können wir unser Vertrauen immer wieder verstärken. Bei Übungen im Training sollten wir nicht ständig denken »Das schafft mein Hund nicht«. Ebenso in Alltagssituation wie beispielsweise dem Autofahren mit Hund dürfen wir unserem Hund ruhig noch mehr vertrauen. Auch wenn wir meinen, dass er diese Situationen nicht mag. Traue deinem Hund etwas zu, ihr schafft das! Sei mutig und zeige euch beiden, dass du vertraust. Kleine Erfolge vermitteln ein positives Gefühl in Verknüpfung mit dir. Das schafft Bindung!

Wenn du merkst, dass dein Hund in Panik verfällt, solltest du daran natürlich nicht festhalten. In diesen Situationen ist es wichtig, deinen Hund aus dieser Panik herauszuhelfen. Würdest du hier darauf bestehen, dass dein Hund dieses oder jenes nun ertragen muss, kann es sogar zu einem Vertrauensbruch kommen. Dieser schädigt wiederum die Bindung. Höre auf jeden Fall auf die Signale deines Hundes und auf dein Bauchgefühl. Wäge ab, was in dieser bestimmten Situation bindungsfördernd ist. Stehe deinem Vierbeiner zur Seite und helfe ihm auch Angst- oder Panikmomente zu meistern, das kann ein echter Vertrauens- und Bindungsbooster sein.

Wenn du also merkst, dass dein Hund sich sichtlich unwohl fühlt, versuche zunächst, den Stressor zu entfernen. Das bedeutet, du bringst deinen Hund aus der Situation hinaus. Viele Hunde haben Angst vor einem neuen Gegenstand. Steht also zum Beispiel auf der gewohnten Gassirunde ein Fahrrad an einem Zaun, welches vorher nie da war, könnte das deinem Hund Angst machen. Diese Situation habe ich auch erlebt. Es lag, unerwartet für meine Hündin, ein großer ausgegrabener Zaunpfahl auf dem Rasen. Gerade an der Stelle, an der sie besonders gerne schnüffelt. Sie ist also regelrecht zur Seite gesprungen, als sie den Pfahl mit dem Erdklumpen entdeckte und sie klemmte ihre Rute ein. Wären wir nun ganz normal weiter gegangen, hätte sie wohl beim nächsten Rundgang wieder Angst bekommen oder wäre zumindest extrem verunsichert gewesen. Also habe ich sie zunächst aus der Situation heraus genommen und bin mit ihr erst in einiger Entfernung stehen geblieben, damit sie sich den Gegenstand aus der Ferne betrachten kann. Auch hier ist immer wichtig darauf

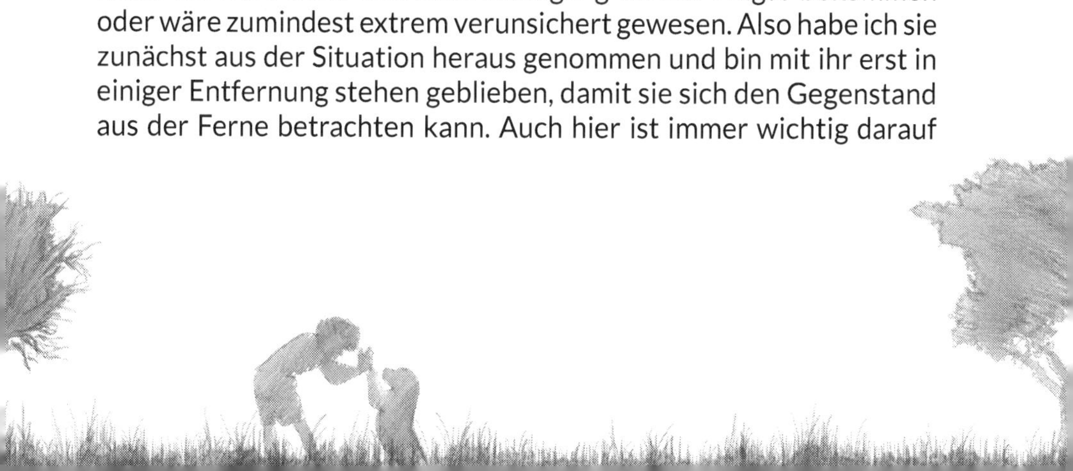

zu achten, dass der Hund dazu auch bereit ist. Sie war nach einiger Zeit sogar etwas neugierig. In kleinen Schritten sind wir dann an lockerer Leine zum Pfahl. Die lockere Leine ist ganz wichtig, ansonsten fühlt sich der Hund schnell unter Druck gesetzt und es bewirkt das Gegenteil. Ein paar freundliche Worte dazu und wir sind in ihrem Tempo näher an den Gegenstand herangegangen. Bis sie ihn irgendwann auch beschnuppert hat. Man konnte die Anspannung förmlich von ihr abfallen sehen. Ihre Körperbewegungen wurden zunehmend lockerer und zum Schluss hat sie sich noch einmal kräftig geschüttelt. Sie hat den Stress also abgeschüttelt und die Angst war vorüber. Bei der nächsten Runde sind wir bewusst an dieser Stelle stehen geblieben, sie hat dann noch einige Streicheleinheiten bekommen. Nun verbindet sie die Position dort wieder mit etwas positivem und hat keine negativen Verknüpfungen mehr.

In ganz besonders beängstigenden Situationen, wie z. B. der Silvesterabend oder ein lautes Gewitter kannst du deine Vertrauenswürdigkeit noch einmal unter Beweis stellen. Viele Hunde haben Angst in dieser Zeit. Sie schrecken bei jedem Knall auf, zittern und kommen gar nicht mehr zu Ruhe. Es gibt Hunde, die verkriechen sich in dieser Zeit. Versteckt sich dein Hund in dieser Zeit unter einem Tisch oder Sofa, kannst du ihm dennoch Schutz bieten. Auf keinen Fall solltest du deinen Hund aus seinem sicheren Platz hervorziehen und ihn zwingen, sich in sein Körbchen zu legen.

Schutz erfährt dein Hund, indem du für ihn da bist. Halte dich in seiner Nähe auf, setze dich zu ihm auf den Boden. Dein Hund merkt dann, dass er jeder Zeit zu dir kommen kann und er nicht allein durch diese beängstigende Situation gehen muss.

Dann gibt es wiederum auch Hunde, die die Nähe suchen. Sie sind aktiv auf der Suche nach Schutz und Nähe. Man hört immer noch, dass man seine Angst damit bestärkt, wenn man ihn dabei streichelt. Dem ist allerdings nicht so. Angst ist ein Gefühl, das kann man nicht durch bloßes für ihn da sein verstärken. Das ist doch bei uns Menschen im Grunde ganz genauso. Haben wir vor etwas Angst, beispielsweise wenn eine Operation bevorsteht oder wir eine wichtige Prüfung ablegen müssen, haben wir durch gut zureden unserer Mitmenschen nicht noch mehr Angst. Ganz im Gegenteil.

In dieser Situation ist es also für das Vertrauen und die Bindung wichtig, Schutz zu bieten. Souverän sein, ein Anker sein. Selbstverständlich hilft es dem Hund nicht, wenn du ihn ununterbrochen bequatscht und so gar keine Ruhe ausstrahlst. Deine Nervosität überträgt sich damit auf den Hund, der Stress kann sich damit also für den Hund sehr wohl verstärken.

Auch in Alltagssituationen kannst du deinem Hund den Schutz bieten, der für die Bindung und das Vertrauen so wichtig ist. Rennt ein fremder Hund mit Vollgas unangeleint auf deinen Hund zu und du merkst, dass er diese Situation fürchtet und er überfordert ist: Schütze ihn. Löse die Situation für ihn. Es gibt mehrere Möglichkeiten, je nach Situation. Beispiele: Du kannst mit ihm zur Seite treten, wenn vielleicht ein Feldeingang in der Nähe ist. Die direkte Konfrontation ist dann erst mal abgewendet. Stelle dich vor deinen Hund. Du zeigst ihm damit, dass du bei ihm bist und ihn auch körperlich schützt. Du bist also der Puffer zwischen beiden Hunden. Übrigens hilft es oft, wenn du laut »STOPP!« rufst und deine abwehrende Körpersprache nutzt. Die meisten Hunde verstehen das und wenden sich irgendwann selbstständig wieder ab.

So zeigst du deinem Hund, dass du ihn verstanden hast. Sei achtsam und zwinge deinen Hund nicht, die Situation alleine klären zu müssen. Im schlimmsten Fall kann diese Situation ansonsten das Vertrauen zu dir brechen oder aber auch das Verhalten deines Hundes kippen, sodass er unter Umständen aggressiv reagiert. Schaffe ihm Platz, stelle dich vor deinen Hund und weiche der Situation aus. Ein wahrer Vertrauens- und Bindungsverstärker!

Misstrauen gilt es hingegen zu vermeiden. Durch Situationen, in denen dein Hund dir misstraut, kannst du sehr viel kaputt machen. Ein Beispiel: Ein Hund hasst es, durch Menschenmengen zu laufen. Zwinge ihn also nicht dazu! Ich habe es schon erlebt, Hunde wurden über Weihnachtsmärkte oder gut besuchte Einkaufspassagen geschleift. Die Hunde hatten große Angst, ihnen ist das alles zu viel und sie fühlen sich alles andere als wohl. Dann kommt es noch zum Super-GAU, ein Hund wird von anderen Hunden angepöbelt. Die Halter finden diese Situation aus mir unerklärlichen Gründen witzig und schauen sich das Spektakel seelenruhig an. Der Hund macht den Eindruck, als verstünde er die Welt nicht mehr. Nachvollziehbar. Er wurde also komplett von seinen Haltern mit der Situation alleine gelassen. Das Vertrauen ist stark gebrochen und ist nur schwer wieder aufzubauen.

Die Bindung wird durch solche vermeidbaren Situationen beeinträchtigt und nachhaltig geschädigt.

Kann Bindung zu stark sein?

Bei einer guten und harmonischen Bindung sollte das Geben und Nehmen gleichermaßen von beiden Seiten erfolgen. Dieses Gleichgewicht in der Bindung ist zum Beispiel gegeben, wenn du viel intensive Zeit mit deinem Hund verbringst. Das kann wie im Abschnitt »Zweisamkeit und Körperkontakt« das Massieren oder das Kuscheln sein. Im Gegenzug schenkt dir dein Hund bei den gemeinsamen Aktivitäten in der Natur eine große Portion Aufmerksamkeit. Eine ausgeglichene Bindung ist also immer ein Wechselspiel. Natürlich ist es kein Problem, wenn du oder dein Hund einmal mehr gebt, als ihr empfangt. Ein 50 : 50 Gleichgewicht ist nie exakt zu erreichen. Das ist auch gar nicht so wichtig. Das große Ganze sollte sich aber die Waage halten und nicht zu einseitig werden.

Du gibst - dein Hund empfängt

Dein Hund gibt - du empfängst

Gibt es dieses Gleichgewicht auf Dauer nicht, belastet es dich oder deinen Hund emotional. Das Verhältnis sollte ein gesundes Maß einnehmen. Es kann ansonsten zu einer ungesunden Bindung in eurem Mensch-Hund-Team kommen. Ungesund ist die Bindung dann, wenn der Mensch oder der Hund vom jeweils anderen abhängig ist. Hat der Hund eine zu starke emotionale Bindung zu uns aufgebaut, findet er im Alltag keine Ruhe. Er möchte immer und überall dabei sein und kann sich selbst schlecht zurücknehmen und entspannend. Ruhe ist aber auch für den Hund und seinen Organismus sehr wichtig.

Bemerken können wir das, wenn uns der Hund in der Wohnung auf Schritt und Tritt verfolgt. Wir entspannen beispielsweise auf dem Sofa und stehen dann auf, folgt uns der Hund sofort. Oft steht er auch wie ein Schatten hinter uns, was wir im ersten Moment gar nicht bemerkt haben. Der Hund fordert unsere Aufmerksamkeit also den ganzen Tag ein. Es passiert schnell, dass wir uns darauf einlassen und unseren Hunden die geforderte Aufmerksamkeit in Form von Blickkontakt, Ansprache oder Körperkontakt geben. Dann wiederum fühlt sich der Hund bestätigt und angesprochen. Die Erwartungshaltung, dass jetzt etwas Spannendes passiert, nimmt zu. Der Hund hat ja schließlich schon verknüpft, dass wir etwas von ihm wollen, wenn wir ihn bewusst ansprechen. Das passiert schon im Training, im Alltag oder vor dem gemeinsamen Gassigang ganz unbewusst. Durch das Einfordern des Hundes und dem Bestätigen unserseits befindet man sich als Mensch-Hund-Team im Handumdrehen in einer Spirale. Der Hund wiederholt sein Handeln immer wieder. Er hat gelernt und verknüpft, wie er unsere Aufmerksamkeit immer wieder aufs Neue bekommt. Wie gesagt, bestätigen wir den Hund oft unbewusst. Wir sitzen zum Beispiel auf dem Sofa und der Hund gesellt sich zu uns. Er sucht den Körperkontakt und schmiegt sich an uns. Wir bestätigen das, indem wir ihn streicheln und den Körperkontakt zulassen oder ebenfalls suchen.

Als Halter sollten darauf achten, unserem Hund unsere Aufmerksamkeit ganz bewusst zu schenken und uns nicht immer nur dazu auffordern lassen, ohne dass wir das in diesem Moment möchten. Wie beschrieben ist es trotzdem oft der Fall, dass wir unbewusst der

Forderung nach Aufmerksamkeit nachkommen. Wir sollten jedoch hier achtsamer sein und nicht immer Aufmerksamkeit schenken, wenn wir vielleicht gerade mit etwas anderem beschäftigt sind. Lesen wir gerade ein Buch oder unterhalten wir uns mit einem Freund, stört das ständige Gestupse gegebenenfalls. Dies ist der perfekte Moment, ganz bewusst nicht auf die Forderung des Hundes einzugehen.

An diesem Beispiel erkennst du bestimmt schon das Ungleichgewicht bei der Einforderung von Aufmerksamkeit. Sie sollte aber eben nicht einseitig und dauerhaft sein. Die Spirale aus Einforderung von Aufmerksamkeit, dem Hinterherlaufen im Haus und der bewussten oder unbewussten Bestätigung durch uns Menschen kann zu einer trennungsbedingten Störung des Hundes führen. Der Hund kann es nun kaum mehr aushalten, einmal Zeit ohne seinen Menschen zu verbringen. Beim alleine bleiben leidet er folglich. Der Hund kann in dieser Situation seinen Halter eben nicht mehr kontrollieren. Seinen Stress baut er gegebenenfalls durch Zerstörung von Gegenständen oder Möbeln, oder aber auch durch dauerhaftes Bellen und umherlaufen ab. Um die zu enge Bindung und das damit verbundene problematische Verhalten beim alleine bleiben verhindern, solltest du also schon auf die vorgenannten kleinen Anzeichen achten. Hier ist wieder deine Achtsamkeit und Aufmerksamkeit gefragt, denn das kontrollierende Verhalten des Hundes entwickelt sich oft schleichend.

Auch wir Menschen können eine zu enge Bindung zu unserem Hund entwickeln. Dabei machen wir uns emotional stark abhängig von unserem Vierbeiner. Hierbei handeln wir in Bezug auf unseren Hund sehr inkonsequent und erlauben fast alles. Die Hunde kennen also keine Grenzen und haben keine verlässliche und konstante Struktur. Wir möchten für unseren Hund natürlich nur das Beste und möchten auch, dass es ihm gut geht. Es soll ihm an nichts mangeln. Dieses Bedürfnis kennst du bestimmt auch. Das Problem an dieser Sache ist aber, dass unser Hund uns nicht besonders ernst nimmt und auf unser Handeln vertraut. Er hat ja keine feste Struktur, keine konsequenten Regeln, die ihm Sicherheit und Orientierung bieten. Der Hund weiß dann nicht, was er darf und was von uns nicht gewünscht ist. Mal ist sein Handeln und Verhalten in Ordnung, in der nächsten Situation aber vielleicht nicht mehr. Wir sind also für ihn kein verlässliches Teammitglied.

Wenn wir unseren Hund mit Liebe überschütten, ihm aber keine so wichtige Orientierung geben, distanziert sich der Hund möglicherweise sogar. Orientierung ist für Hunde im Alltag extrem wichtig. Damit lernt der Hund, welchen Platz er in seiner Familie hat. Es sind die vorhersehbaren Dinge wie Strukturen, Regeln und Rituale, die ihm ein Stück weit Sicherheit und Orientierung bieten. Er verlässt sich damit auf dich, er kennt seinen Rahmen.

Für ihn sind die Aufmerksamkeit und unser nachgiebiges Verhalten selbstverständlich geworden und nichts Besonderes mehr. Wir möchten natürlich nicht, dass sich der Hund von uns entfernt und überschütten ihn mit noch mehr gut gemeinten Taten. Auch hier befinden wir uns dann wieder in einer Spirale, einem Teufelskreis, der nur schwer zu durchbrechen ist.

In beiden beschriebenen Fällen ist das Gleichgewicht in der Bindung nicht gegeben. Das Geben und Nehmen ist ungleich verteilt. Was kann man dagegen unternehmen? In erster Linie ist es hier wichtig, Struktur in euer Zusammenleben zu bringen. Klare und konstante Regeln sollen auch so beibehalten werden. Natürlich sollst du deinen Hund nicht anschreien oder gar körperlich bedrohen, ganz im Gegenteil. Mache ihm ruhig, bestimmt und konstant klar, welches Verhalten du nicht wünschst und setze ihm so seine Grenzen. Korrigiere die unerwünschten Verhaltensweisen. Das Korrigieren gehört in einem gewissen Rahmen auch zur Sicherheit und Orientierung. Hier sollten wir aber besonders auf die Höflichkeit achten und ihn respektvoll korrigieren. Ein kurzes »Nein«, wenn der Hund sich gerade einen Gegenstand schnappen möchte. Der Klassiker zum Beispiel beim Anspringen: Ignoriere dieses Verhalten in dem Moment des Anspringens. Sind alle vier Pfoten auf dem Boden, folgt sofort eine positive Verstärkung. Der Hund lernt schnell, dass das Springen nicht gerne gesehen wird. Gewünschtes Verhalten bestätigst du wiederum mit einer Belohnung. Arbeite also vor allem mit positiver Verstärkung, sie sollte immer überwiegen!

Aufmerksamkeit sollte nicht selbstverständlich und immer und überall verfügbar sein. Dadurch erreichst du, dass dein Hund für dich etwas ganz Besonderes ist. Ein Superheld, der angehimmelt wird. Schenke ihm ganz bewusst deine Aufmerksamkeit und nutze diese Momente intensiv. Lasse dich nicht nur auffordern, sondern lade deinen Hund ein, um diese intensive Zeit bewusst gemeinsam zu erleben. Auch Rituale helfen dabei. Es kann euer Ritual sein, nach dem Gassigang noch zu kuscheln, oder ihr nutzt morgens eine gewisse Zeit zusammen, bevor der Alltagsstress losgeht. In der Natur kannst du dir ganz gezielt eine Auszeit mit dir und deinem Hund nehmen und diese Momente intensiv und bewusst erleben. Deinem Hund geht es genauso. Diese Zeit der bewussten Aufmerksamkeit muss auch gar nicht lange sein. Es ist also nicht zwingend erforderlich, sich jedes Mal eine Stunde Zeit dafür zu nehmen.

Es können immer wieder ein paar Minuten eingebaut werden.

Durch diese Kombination aus liebevollem und konstantem Setzen der Grenzen bekommt dein Hund Orientierung und Sicherheit. Er weiß nun ganz genau, was gewünscht ist und was nicht. Wichtig ist auch hier wieder, dass du dir selbst darüber im Klaren bist, welche Struktur du wünschst. Formuliere ganz klare Regeln. Was darf dein Hund, was ist ein absolutes No-Go? Erst, wenn du dir selbst darüber Gedanken gemacht hast und ganz klare Erwartungen hast, kannst du diese Erwartungen mit deinem Hund teilen.

Das Verhältnis zwischen positiver Verstärkung und dem Korrigieren von unerwünschten Verhalten sollte sich in etwa ausgleichen. Wird dein Hund den Tag über ständig nur korrigiert und er hört immer nur ein »Nein«, ist er nicht motiviert, richtiges Verhalten zu zeigen. In einem gewissen Ausmaß resigniert der Hund, denn es ist ja doch irgendwie nichts richtig, was er tut. Möglicherweise bildet sich aber auch Frust in ihm und er handelt entsprechend angriffslustig. Das kann sich zum Beispiel durch Zerstörungswut oder aggressives Verhalten äußern. Er distanziert sich somit vom Halter.

Wie schon angesprochen, sind fehlende Grenzen und Strukturen ebenfalls nicht bindungsfördernd. Der Hund findet keine Orientierung und Sicherheit.

Ein weiterer Punkt: **Selbstvertrauen**. Helfe deinem Hund, sich selbst zu vertrauen. Kleine Erfolge bei der Futtersuche oder beim Überwinden von Hindernissen helfen deinem Hund, sich selbst zu vertrauen. Er kann diese Aufgaben in seinem eigenen Tempo erarbeiten. Er nimmt seinen ganzen Mut zusammen und schafft etwas, wovor er im Vorfeld vielleicht sogar Respekt oder etwas Angst hatte. Diese Übungen kann man toll in den Alltag mit einbauen. Meine Hündin hatte zum Beispiel Angst, über Holzbrücken zu gehen. Das relativ offene Konstrukt und die Tatsache, unter ihr das Wasser zu sehen, hat ihr Angst gemacht. Zwischendurch sind wir immer wieder zu einer dieser Holzbrücken gegangen und haben einfach nur dagestanden und geschaut. Sie durfte sich in ihrem Wohlfühltempo annähern, schnüffeln und erkunden. Sie wurde sicherer und sicherer. Als sie dann unseren Rüden vor ihr über diese Brücke hat gehen sehen, hat sie all ihren Mut zusammen genommen und ist über die Brücke gegangen. Sie hat danach ein ganz besonderes Leckerchen bekommen und man konnte ihre Freude und ihren Stolz auf sich selbst förmlich spüren. Ihr Selbstvertrauen wurde hier ordentlich gepusht. Diese Beispiele lassen sich bei einem Hund mehr und beim anderen Hund weniger oft im Alltag wiederfinden. Diese Chance solltest du also ruhig nutzen und deinen Hund bestimmen lassen, was er wie und mit welcher Geschwindigkeit schaffen möchte. Ganz ohne Zwang und Druck. Lasse ihn ausprobieren.

Kennt der Hund wiederum so gar keine Grenzen, kann es schnell passieren, dass er diese Tatsache für sich nutzt. Er tanzt dir quasi auf der Nase herum.

Ist das Gleichgewicht in diesen Punkten erreicht, kann eine enge emotionale Bindung zwischen dir und deinem Hund zustande kommen. Zusammenfassend ist es also wichtig, bewusst und achtsam mit deinem Hund durch den Tag zu gehen. So erkennst du schon kleine Schritte in eine nicht gewünschte Richtung und kannst sie entsprechend korrigieren. Weicht man in großen Schritten dauerhaft vom eigentlichen Ziel ab, ist es im Nachhinein sehr viel schwieriger und langwieriger wieder den ausgewählten und für euch richtigen Weg zu gehen. Halte an deinem Ziel fest und stehe zu deinem Wort. Diese Konsequenz hilft dir und besonders deinem Hund. Er lernt, auch alleine und selbstständig Aufgaben zu bewältigen und Situationen zu meistern. Du wirst nicht für jede kleinste Aufgabenstellung erforderlich sein, denn dein Hund hat sein nötiges Selbstvertrauen gewonnen. Er ist nun nicht in einer Abhängigkeit gefangen und hat für sich selbst einige Freiheiten hinzugewonnen.

Die Besonderheit bei unsicheren Hunden

Der unsichere oder ängstliche Hund – gerade bei Hunden aus dem Tierschutz ist das keine Seltenheit. Doch natürlich gibt es auch bei Hunden vom Züchter Unsicherheiten. Unsicherheiten entstehen oft aus schlechten oder fehlenden Erfahrungen. Oft kennt man die Vergangenheit dieser Hunde kaum. Möglicherweise haben sie bisher keine guten Erfahrungen mit Menschen gemacht. Sie wurden schlecht gehalten, wurden gequält, ausgesetzt oder vernachlässigt. Es liegt also auf der Hand, dass wir diesen Hunden zunächst einmal Sicherheit geben müssen, damit sie uns überhaupt Vertrauen können, um dann eine Bindung zu uns aufzubauen.

Der wichtigste Grund, warum diese Hunde die Sicherheit so dringend benötigen, sind Deprivationsschäden. Deprivationsschäden oder Deprivationssyndrom meint, dass der Hund durch fehlende Erfahrungen Unsicherheiten aufgebaut hat. Hunde entwickeln in der Prägephase zwischen der 3. und 20. Lebenswoche die Verknüpfungen, welche für ihr zukünftiges Leben wichtig sind. Erfahrungen, die der Hund in dieser Zeit macht, verankern sich besonders tief. In der Prägephase bilden sich neue Nervenzellen im Gehirn, welche sich miteinander verknüpfen. Fehlen dem Hund in dieser Zeit allerdings Außenreize oder konnte er keine Erfahrungen machen, können sich diese Netze aus Nervenverknüpfungen gar nicht bilden. Wurde ein Hund also zum Beispiel isoliert gehalten oder musste er sein Dasein in einem dunklen Raum fristen, kann das Deprivationssyndrom eine Folge davon sein.

Es liegt also an uns, Hunden mit einer solchen Vergangenheit Sicherheit und Vertrauen zu bieten. Natürlich sollte man sich vorher bewusst darüber sein, dass man mit diesen Hunden eine Portion mehr Geduld haben muss. Sie haben nie gelernt, sich mit der Umwelt auseinanderzusetzen. Es kann passieren, dass neue Gegenstände, Geräusche, Gerüche und die verschiedenen Menschen einen solchen Hund sehr stressen.

Überfluten wir ihn mit neuen Umweltreizen, verfällt der Hund möglicherweise in Dauerstress. Chronischer Dauerstress kann zu Verhaltensauffälligkeiten oder sogar Depressionen führen, da das Stresshormon Cortisol dauerhaft überwiegt. Neben weiteren Stresshormonen wird Cortisol normalerweise in einer für den Hund stressigen Situation ausgeschüttet und nach einer gewissen Zeit auch wieder abgebaut. Im Dauerstress wird Cortisol aber nicht mehr richtig abgebaut und Glückshormone habe keine Chance, sich durchzusetzen. Oft sucht sich ein dauergestresster Hund ein Ventil, um seinen Frust abzubauen. Das kann zum Beispiel Zerstörungswut, monotones Bellen oder aggressives Verhalten sein. Auch Stereotypien können vorkommen, so verletzt sich der Hund zum Beispiel selbst wenn er ununterbrochen an sich selbst herum knabbert.

Um harmonisch mit unserem Hund zusammenzuleben, möchten wir das natürlich vermeiden. Neue Reize müssen dosiert im neuen Leben des Hundes eingesetzt werden. Damit halten wir das Stresslevel möglichst niedrig und wir geben dem Hund Raum, uns zu vertrauen und eine Bindung mit und einzugehen. Doch wie schaffen wir das?

Eine Verschnaufpause

Zieht der Hund in sein neues zu Hause, ist das alleine schon ein hoher Stressor. Geben wir ihm also erst mal ein paar Tage Zeit, um anzukommen. Es sollten möglichst wenig neue Stressfaktoren und Reize hinzukommen. Gänzlich vermeiden lässt sich das im Alltag nicht, denn in der Wohnung wartet viel Neues und auch auf dem Spaziergang können unvorhergesehene Dinge passieren. Wichtig ist jedoch, Spaziergänge möglichst in reizarmen Umgebungen zu verlegen. Es empfiehlt sich auch, die Gassizeiten nicht gerade in die »Rushhour« zu legen, wenn sowieso viel unterwegs los ist.

Damit können wir dem Hund schon eine große Last abnehmen. Nach und nach wird sich der Stresspegel senken. Geben wir dem Hund also die nötige Zeit, um sich ein wenig einzugewöhnen und runterzukommen.

Ein Rückzugsort

Hunde, besonders aber unsichere Hunde, benötigen einen Rückzugsort. Hier können sie sich dem Trubel entziehen und entspannen. Das kann das Körbchen in einer ruhigen Ecke des Hauses sein, aber auch Transportboxen eignen sich hierfür sehr gut. Eine Box wirkt auf den Hund wie eine Art Höhle, die ihm gegebenenfalls noch mehr Sicherheit bietet. Der Platz sollte nicht gerade im Hausflur oder am Fenster zur Straße sein, wo oft viel um ihn herum passiert.

Wichtig hier ist, dass der Hund sich auch wirklich wohlfühlt. Schicke den Hund niemals als Bestrafung dorthin, denn ansonsten kann der Rückzugsort schnell negativ behaftet sein. Ein Rückzugsort sollte jedoch ausschließlich mit etwas Positivem verknüpft werden. Gerne kann er seinen Kauknochen oder sein Kauspielzeug dorthin mitnehmen. Denn das Kauen wirkt zusätzlich entspannend auf Hunde.

Außerdem sollte der Hund an diesem Ort wirklich in Ruhe gelassen werden. Keine Ansprache, kein Kraulen, – nichts. Das ist sein Ort, um vollkommen zur Ruhe zu kommen. Ein verlässlicher Ankerpunkt im Leben des Vierbeiners, an dem er für sich und damit auch bei sich sein kann.

Struktur und Routine

Struktur schafft Orientierung und damit Sicherheit. Strukturen, Routinen und Rituale helfen dem Hund enorm, um sich in der neuen Welt zurechtzufinden. Neue Reize sind damit für den Hund vorhersehbar. Er weiß, was als Nächstes passiert und das Gefühl der Hilflosigkeit wird vermieden.

Strukturen und Rituale können klare Regeln und Signale sein, aber auch feste Fütterungs- und Gassizeiten. Das Stresslevel wird dadurch nachhaltig gesenkt, denn der Hund muss sich nicht mehr jedes Mal neu orientieren und zurechtfinden. Hat dein Hund ein niedriges Stresslevel, kann er besser lernen und neue Erfahrungen eher verankern. Stress blockiert das Lernen nämlich und der Hund ist nicht empfänglich oder ansprechbar für Lerneinheiten. Ist das Gehirn des Hundes auf Stress und Erregung ausgerichtet, kann der Teil im Gehirn, der für das Lernen verantwortlich ist, nicht aktiviert werden. Ein gestresster Hund kann also nichts dafür, wenn er in diesen Momenten nicht auf Signale oder Ansprache reagiert.

Achtsamkeit und Geduld

Hast du diese vorher beschriebenen drei Punkte schon in den Alltag integriert, hast du deinem Hund schon enorm geholfen, um sich entspannen zu können und sich auf uns einzulassen. Nun kannst du dich auch intensiv mit der Bindungsarbeit beschäftigen und gemeinsam mit deinem Hund Erfolge feiern, wie schon im Abschnitt »Bindung schaffen« beschrieben.

Auf Spaziergängen solltest du mit deinem Hund gemeinsam neue Reize entdecken. Bleibe an der Seite deines Hundes, wenn ihr euch einem neuen Reiz nähert. Gebe ihm das Gefühl, dass er nicht allein ist. Motiviere ihn so, dass er dann selbstständig entscheidet, ob und wie weit er bereit ist, Neues zu erkunden. Du kannst ihn also einladen, sich beispielsweise einem ihm unbekannten Gegenstand zu nähern. Doch beachte, ohne Druck und Zwang zu arbeiten. Dein Hund bestimmt das Tempo. Hat er seinen Mut dann zusammen genommen und sich darauf eingelassen, feiere mit ihm. Ein kleines Spiel eignet sich dafür super, denn dabei löst sich die Anspannung und etwas Positives verankert sich im Köpfchen deines Hundes. Er gewinnt an Selbstsicherheit. Die Chancen, dass dein Hund auch weiteren neuen Reizen und Erfahrungen offen gegenübersteht, steigen.

Beim Zusammenleben und Trainieren mit deinem Hund solltest du außerdem vermeiden, deine eigenen Ängste mit einfließen zu lassen. Nutze also deine positiven Gedanken und deine Sicherheit, um sie auf deinen Hund zu übertragen. Wir können von unseren Hunden nichts erwarten, was wir selbst nicht erfüllen. Sind wir unsicher, können wir von unserem Hund nicht erwarten, selbstsicher zu sein. Sei der Anker für deinen Hund, ein verlässlicher und souveräner Teampartner. Kennt man die Vergangenheit eines Hundes, lässt man schnell Mitleid mit einfließen. Manchmal kann es natürlich hilfreich sein, die Vergangenheit des Hundes im Hinterkopf zu haben. So lässt es sich noch eine Spur einfühlsamer auf eventuelle Trigger eingehen. Das sollte allerdings nur in einzelnen Punkten so sein und sich nicht durch den kompletten Alltag ziehen. Misserfolge und Fehler sollten dich nicht herunterziehen. Sieh das als Ansporn, dass es beim nächsten Mal positiver wird. Nutze negative Ereignisse als Rückenwind für die nächsten vielen positiven Erlebnisse gemeinsam mit deinem Hund.

Nach einer gewissen Eingewöhnungszeit wird man erkennen, dass sich der Hund mehr und mehr auf Körperkontakt einlassen wird.

Es gibt Hunde, denen Körperkontakt nicht so sehr wichtig ist. Sie sind eher eigenständig und fühlen sich nicht besonders wohl, wenn der Kontakt zwischen ihm und seinen Menschen zu eng wird. Es kann sein, dass er sich dann einfach eingeengt fühlt und seine Individualdistanz unterschritten wird. Natürlich respektieren wir das.

Anderen Hunde hingegen ist Körperkontakt sehr wichtig. Sie entspannen beim Kraulen und beim Massieren. Das können wir wunderbar nutzen, um unseren Hund ein Gefühl der Sicherheit und des Vertrauens zu geben.

Erkennst du, dass dein Hund trotz allem weiterhin Schwierigkeiten hat, sich von seinen Ängsten und Unsicherheiten ein Stück weit zu befreien, gibt es Möglichkeiten, kleine Helferlein einzusetzen. Das habe ich zum Beispiel bei unserem Rüden bemerkt. Waren wir im Raum und in seiner Nähe, konnte er meistens gut entspannen. Kam allerdings Bewegung in die Situation, war er schnell angespannt und er hatte Schwierigkeiten, sich weiter zu entspannen. Hier haben wir ein Thundershirt ausprobiert. Ein Thundershirt ist eine Art Body, welcher dem Hund eng anliegend angezogen wird. Man kann die Anwendung mit dem Pucken eines Babys vergleichen. Sanfter Druck wird auf bestimmte Akkupressurbereiche des Körpers übertragen. Dadurch wird wiederum das Wohlfühl- und Entspannungshormon Oxytocin ausgeschüttet, welches zur Entspannung beiträgt. Wichtig ist, das Shirt zunächst nur in Situationen anzuwenden, in denen der Hund sowieso entspannt. Beispielsweise am Abend, wenn Ruhe eingekehrt ist und auch du deinen Feierabend entspannt genießt. Damit wird dann schon das Shirt mit Entspannung und etwas Angenehmen verknüpft. Der Hund sollte langsam daran gewöhnt werden und sich selbstverständlich in dem Thundershirt auch wohlfühlen. Mag er das nicht, trägt die Anwendung natürlich nicht zur Entspannung bei. An einigen Tagen merke ich immer noch die Anspannung bei meinem Hund, Ruhe kehrt bei ihm nicht ein. Gelegentlich biete ich ihm also das Shirt an, meistens kommt er dann schon auf mich zu und stellt sich in Position. Auch hier gibt es natürlich keine Garantie, dass es deinem Hund hilft. Je nach Hund wird auch das unterschiedlich angenommen.

Eine weitere Möglichkeit ist, Bachblüten oder Aromaöle einzusetzen. Bachblüten gibt es in Form von Tropfen in der Apotheke und sie können besonders in akuten Stresssituationen wie beispielsweise einem Tierarztbesuch oder Silvester eingesetzt werden.

Aromaöle können ebenfalls gezielt zur Entspannung ausgewählt werden. Es gibt Duftzerstäuber, in denen man diese Öle mit einmischen kann. Der Duft verteilt sich dann im gewünschten Bereich zu Hause. Gute Tierheilpraktiker können hierzu super Tipps geben. Aber das allerwichtigste: Geduld, Geduld, Geduld.

Fazit

Besonders unsichere und ängstliche Hunde brauchen uns als souveränen und verlässlichen Bindungspartner, um ihre Stressoren und Ängste zu überwinden. Wir verhelfen ihm damit zu einem selbstsicheren Hund, der nicht regelmäßig in Panik verfällt. Bildlich gesehen sollten wir die Insel für unseren Hund sein, die er immer ansteuern kann, wenn er sich unwohl fühlt, aber auch wenn er Freude empfindet und gemeinsam mit uns etwas Positives feiert. Der Schlüssel ist, achtsam mit unserem Hund durchs Leben zu gehen. Dazu gehört auch, auf die kleinen, feinen Signale unseres Hundes wahrzunehmen und auf seine Kommunikationsversuche einzugehen. Dazu kommen wir im nächsten Kapitel.

Die Kommunikation

3.

Wir wünschen uns eine gute Beziehung und Bindung zu unserem Hund. Damit wir aber ein gutes Team bilden können, müssen wir verstehen, was unser Hund uns sagen möchte. Achtsamkeit ist besonders wichtig, damit wir auch die Feinheiten der Hundekommunikation verstehen können. »Der Hund wedelt mit der Rute, der freut sich« – damit ist es bei weitem nicht getan. Es gehört viel, viel mehr dazu. In der Hundekommunikation kommt es nicht an erster Stelle darauf an, was wir sagen, sondern wie wir es sagen oder kommunizieren. Das ist die Basis einer guten, klaren Kommunikation mit unserem Hund. Hunde achten auch bei uns Menschen genau auf unsere Körpersprache. Das ist natürlich eigentlich sehr gut, denn unsere Körpersprache sagt viel mehr über unsere Absichten aus als Worte. Mit Worten können wir lügen, doch unsere Körpersprache verrät uns.

Zur Verdeutlichung folgendes Beispiel: Wir sind bei einer Freundin eingeladen. Sie zeigt uns einen neuen Pulli, den sie sich gekauft hat. Klar, können wir sagen: »Wow, der sieht wirklich toll aus«. Doch verziehen wir dabei unser Gesicht abwertend, können wir noch so überzeugende Worte einsetzen. Sie wird uns nicht glauben.

Auch wenn wir in fremden Ländern ohne hiesige Sprachkenntnisse unterwegs sind und nach einem Hotel in der Nähe suchen, können wir unsere Gestik einsetzen, damit unser Gegenüber uns versteht. Das Symbol für »schlafen« wird also im Prinzip überall gleich verstanden. Improvisieren können wir also. Das haben wir ganz automatisch gelernt. Doch trotzdem kommt es oft zu Missverständnissen in der zwischenmenschlichen Kommunikation zwischen Individuen derselben Spezies. Die artübergreifende Kommunikation macht es nicht leichter.

Häufige Missverständnisse & Fehler

Um Missverständnisse zu vermeiden, ist wieder eines wichtig: Achtsamkeit. Wir machen im Alltag ganz unbewusst viele Fehler, die uns in der Kommunikation mit unseren Hunden behindern. Dein Hund achtet genau auf dich und deine Körpersprache und versucht, diese zu interpretieren und zu verstehen. Wenn du ihn also ansprichst und etwas von ihm forderst, hört er zwar das Signal, welches du ihm über deine Stimme vermittelst. Doch noch mehr nimmt er deine Körpersprache wahr. Passen diese beiden Komponenten nicht zusammen, führt das häufig zu Missverständnissen. Dein Hund kann also nicht klar einordnen, was du gerade von ihm möchtest.

Über den Hund beugen

Deine Körperhaltung ist einer der Punkte, die dein Hund interpretiert. Stellen wir uns also einmal vor, dein Hund ist gerade angespannt, weil er vor etwas Angst hat. Das kann zum Beispiel der Besuch beim Tierarzt sein. Ihr haltet euch also Wartezimmer auf und wartet, bis ihr an der Reihe seid. Du erkennst, dass dein Hund ängstlich und nervös ist. Eigentlich möchtest du ihm gerne beistehen und ihn beruhigen. Automatisch beugst du dich über deinen Hund und versuchst ihn mit besänftigenden Worten zur Entspannung zu verhelfen. Dein Hund nimmt das aber ganz anders wahr. Das Herüberbeugen wirkt auf den Hund bedrohlich. Die Anspannung wird also noch größer als ohnehin schon.

Das Herüberbeugen kann man besonders häufig bei Menschen mit kleinen Hunden beobachten, um so noch näher an den Hund heranzutreten. Doch auch hier nimmt der Hund diesen Versuch der Kommunikation als eine bedrohliche Haltung von der Seite des Menschen auf.

Hast du beim Rückruf schon einmal auf deine Körperhaltung geachtet? Warum auch immer, aber ganz automatisch beugen wir uns ein wenig nach vorn, wenn wir unsere Hunde rufen, um zu uns zurückzukommen. Das ist aber gerade beim Rückruf das gegenteilige Signal zu dem, was wir eigentlich von unserem Hund erwarten. Häufig ist dann zu beobachten, dass der Hund in einem Bogen zu uns läuft oder noch hier und da schnüffelt. Dieses sind beschwichtigende Signale und man kann daran schon erkennen, wie der Hund unseren Rückruf verbunden mit unserer Körperhaltung aufgefasst hat. Wird man dann noch ungeduldig und ungehalten, überlegt sich der Hund beim nächsten Mal dann noch einmal genauer, ob sich das Herankommen wirklich für ihn lohnt, wenn ihn statt Lob nur etwas Negatives erwartet. Der Hund erträgt also diese Situation zwar, aber verbindet das nicht mit etwas Angenehmen und Positivem. Doch genau das möchten wir doch, dass unser Hund gerne zu uns zurückkommt und sich gut dabei fühlt.

Achte doch beim nächsten Mal einmal ganz bewusst in dieser Situation auf deine Körperhaltung und versuche, deine Körperhaltung dann anzupassen. Lade deinen Hund ein, damit er sich eben nicht bedroht fühlt. Stelle dich dazu etwas seitlich zum Hund, halte deinen Oberkörper dabei aufrecht und gerade. Gerne kannst du auch in die Hocke gehen und rufe deinen Hund mit freundlicher Stimme. So sieht dein

Hund deine Körpersprache nicht mehr als Bedrohung, sondern als Einladung und Aufforderung, zu uns zu kommen. So lässt sich dieses Missverständnis schon vermeiden und eventuell klappt der Rückruf dann schon etwas zügiger als sonst. Probiere es aus!

Auch in der Kommunikation zwischen Hunden wird das Überbeugen abgewandelt angewandt. Das kann man ganz gut beobachten, wenn ein Hund dem anderen Hund imponieren möchte oder wenn es zu Konflikten zwischen zwei Hunden kommt. Der imponierende Hund legt dann gerne seine Pfote oder seinen Kopf auf den Rücken des anderen Hundes und beugt sich dann ein wenig über ihn. Der imponierte Hund fühlt sich in dieser Situation nicht besonders wohl und fühlt sich bedroht. Das Pfotenauflegen löst kein Wohlbehagen beim Gegenspieler aus.

Überträgt man diese Hund-Hund-Kommunikation wieder auf die Verständigung zwischen uns und unseren Hunden, erkennt man, dass wir damit nicht das gewünschte Gefühl und Verhalten bei unserem Hund auslösen. Die Wirkung der überbeugenden Geste ist also für den Hund nicht angenehm.

Hunde, die mit dem Schwanz wedeln, sind gut gelaunt und freuen sich:

Ein Irrtum, dem leider auch besonders viele Kinder erliegen! Zwar wedelt ein Hund auch dann, wenn er sich freut, aber eben nicht nur! Eigentlich zeigt er damit zunächst einmal nur seine Bereitschaft zur Kontaktaufnahme.

Beobachte deinen Hund und du wirst feststellen, dass er auch mit dem Schwanz wedelt, wenn er einen Artgenossen vertreiben will, Angst hat, gestresst ist oder fremde Leute am Zaun verbellt.

Schwanzwedeln ist ein wichtiges Kommunikationsmittel, das von Hunden in den verschiedensten Situationen eingesetzt wird und richtig interpretiert werden muss.

Ein Hund weiß, wenn er etwas angestellt hat und hat ein schlechtes Gewissen:

Ein typisch menschlicher Gedanke, den gerade Labradorbesitzer kennen dürften, wenn sie heimkommen, der Hund zur Begrüßung mit gesenktem Kopf und eingeklemmtem Schwanz von dannen schleicht und in der Küche zum wiederholten Mal der Inhalt des Mülleimers verteilt ist oder ein zerfetztes Kissen im Wohnzimmer liegt.

Schämt dein Hund sich, weil er etwas ausgefressen hat? Ganz klar nein, denn er ist sich nicht

darüber im Klaren, dass er irgendwann im Laufe des Tages etwas Verbotenes getan hat.

Aber er hat aus früheren Erfahrungen gelernt, dass du dich schon oft aufgeregt und geschimpft hast, wenn du nach Hause kamst. Also sind von seiner Seite aus Beschwichtigungssignale angesagt, sozusagen als Erste-Hilfe-Maßnahme, um die Situation zu entschärfen.

Tipp: Wenn dein Hund dieses Verhalten regelmäßig zeigt, solltest du unbedingt dein eigenes Verhalten kritisch hinterfragen. Macht er ständig Blödsinn, wenn du weg bist? Dann ist er vielleicht nicht genügend ausgelastet, hat Langeweile, braucht mehr Bewegung und geistige Anregung.

Wenn es nicht daran liegt, gilt die Prämisse: Führe ihn nicht in Versuchung! Bring den Mülleimer hundesicher unter oder beschränke den Aktionsradius deines Hundes, indem du die Türen schließt. Denn für eure Beziehung ist es wesentlich besser, wenn ihr euch aufeinander freuen und entspannt begrüßen könnt!

Vor zähnefletschenden Hunden muss man sich in Acht nehmen:

Nicht immer, denn gerade bei so menschenbezogenen Rassen wie den Labrador Retrievern kann dir folgendes passieren: Dein Hund läuft auf dich zu, zeigt mit dem ganzen Körper, wie sehr er sich freut, dich zu sehen, und plötzlich fletscht er scheinbar die Zähne!

Dann hast du einen »Grinser« an deiner Seite! Diese Eigenart zeigt nicht jeder Hund und auch die Forscher sind sich noch nicht ganz klar darüber, warum manche Hunde grinsen. Vermutet wird jedoch, dass es sich dabei um ein erlerntes Kommunikationsverhalten handelt, das Hunde mit engen Menschenkontakten von diesen übernommen haben.

Vielleicht kopiert dein Hund also deine Art, Freude und Sympathie zu zeigen, indem er dich anlächelt?!

Hunde dürfen ihren Menschen nicht anknurren:

Schon mancher Hundebesitzer ist aus allen Wolken gefallen, wenn sein Hund ihn plötzlich anknurrte. Nach dem ersten Schreck kommt dann häufig eine völlig falsche Reaktion in Form des Ausschimpfens oder gar Bestrafens. Schließlich steht es dem Hund ja nicht zu, sein Herrchen anzuknurren und damit die Rangordnung auf den Kopf zu stellen!

Und da steckt der Irrtum, denn Knurren ist für deinen Hund ein völlig normales Mittel zur Kommunikation, das er als Drohung oder Warnung einsetzt. Andere Hunde weichen knurrenden Artgenossen aus, sogar im Rudel wird das Knurren eines rangniedrigen Mitgliedes von den ranghöheren akzeptiert, indem sie ihm aus dem Weg gehen.

Dein Hund will dich damit nachdrücklich darauf hinweisen, dass er sich unwohl fühlt und ihm eine bestimmte Situation nicht gefällt.

Also warnt er dich durch Knurren, bevor er etwas unternimmt, damit du den drohenden Konflikt vermeiden kannst.

Jetzt musst du aktiv werden: Auf Abstand gehen und ihm Raum geben oder eine unangenehme, schmerzhafte Behandlung unterbrechen und ihn zunächst beruhigen.

Reagierst du stattdessen mit Schimpfen oder Strafe, kann folgendes passieren:

Dein Hund merkt sich, dass Knurren ein unerwünschtes Verhalten ist. Also überspringt er nächstes Mal diese warnende Drohgebärde und schnappt dafür gleich zu!

Hunde brauchen regelmäßigen Kontakt mit Artgenossen:

Nein, richtiger ist: Der Hund soll selbst entscheiden, ob er Kontakt aufnehmen möchte oder nicht!

So wie bei uns gibt es auch bei Hunden gesellige Typen, die mit jedem anderen Hund gleich toben möchte und solche, die sich selbst genügen, lieber für sich bleiben und Artgenossen eher ausweichen. Einem solchen Hund den Kontakt zu anderen Hunden aufzuzwingen, würde das Vertrauensverhältnis zu seinem Menschen enorm belasten!

Übrigens kann es dir bei einer so freundlichen und besonders menschenbezogenen Rasse wie deinem Labrador Retriever auch durchaus passieren, dass das andere Herrchen/Frauchen sofort begeistert begrüßt und der dazugehörige Hund gar nicht be-

achtet oder nur ganz flüchtig begrüßt wird. Für manche Hunde sind Menschen wirklich interessanter als Artgenossen!

Fest gedrückt und umarmt werden

Wenn du Hunde beobachtest, die scheinbar spielerisch miteinander rangeln, kannst du sehen, wie sie dabei versuchen, einander mit Pfoten und Vorderbeinen zu Boden zu drücken. Der körperlich stärkere Hund dominiert auf diese Weise den schwächeren Artgenossen, schränkt seine Bewegungsfreiheit ein und nimmt ihn sozusagen »in den Schwitzkasten«.

Genauso so, nämlich als dominante Aggression, empfindet es dein Hund, wenn du ihn fest umarmst oder an dich drückst! Dass du damit nur auf liebevolle Weise seine Nähe suchst, versteht er nicht.

Besonders Kindern kann nicht eindringlich genug klargemacht werden, dass sie besonders bei Welpen auf derartige Liebesbezeugungen verzichten sollen und der vierbeinige Hausgenosse kein Plüschtier zum Dauerknuddeln ist!

Bei einem Hund, der sich so eingeengt fühlt, kann es passieren, dass er alles versucht, um seiner Lage zu entkommen und sich zu befreien.... wenn nötig, auch mithilfe seiner Zähne! Für deinen Welpen ist das nicht anders, als würde er sich gegen seine Geschwister zur Wehr setzen!

Ständig hochgehoben und getragen werden

Auch wenn es dir gerade bei deinem süßen kleinen Hundebaby besonders schwerfällt: Nimm ihn nur auf den Arm, wenn die Situation es wirklich erfordert, also z. B. beim Tierarzt, wenn er auf den Untersuchungstisch muss oder unterwegs, falls er sich verletzt hat, erschöpft ist oder eine echte Gefahr droht!

Denk immer daran: Der Eindruck, den Boden unter den Füßen zu verlieren, löst bei einem Welpen Angst und Unsicherheit aus, er fühlt sich völlig wehrlos und ausgeliefert.

Leider trifft man immer wieder auf Hundehalter, die ihre Lieblinge vorsorglich hochnehmen, wenn auch nur von Weitem ein anderer Hund zu sehen ist. Alles natürlich in bester Absicht, um mögliche Konfliktsituationen von vornherein zu vermeiden.

Dummerweise senden sie ihrem Hund damit jedes Mal ein völlig falsches Signal: Nicht nur, dass der Vierbeiner sich absolut unwohl fühlt, er spürt auch die Besorgnis seines Menschen und schließt daraus, dass der fremde Hund gefährlich sein muss!

Macht ein Welpe immer wieder diese Erfahrung, wird er möglicherweise später als erwachsener Hund jeden fremden Artgenossen als potenziellen Feind ansehen, der vorsichtshalber lautstark verbellt und angeknurrt werden muss, damit er sich nur ja nicht nähert!

Den Hundebesitzern ist dieses Verhalten dann meist sehr peinlich und völlig unverständlich:

»Keine Ahnung, warum er das macht, er hat eigentlich noch nie schlechte Erfahrungen mit anderen Hunden gemacht!«

Hat er eben doch! Nur ganz anders, als sie denken!

Dieses ständige Gerede!

Sprichst du mit deinem Hund? Na klar, das macht wohl jeder Hundebesitzer: Wo sonst findet man schon einen so geduldigen Zuhörer? Das ist auch nicht weiter schlimm: Er versteht zwar nur »Bahnhof«, wenn du ihm nach Feierabend erzählst, wie übel dein Tag im Büro war, aber er bekommt ganz sicher auch keinen Schaden fürs Leben dadurch.

Anders sieht es aus, wenn er von morgens bis abends zugetextet wird: Dann stellt er mit Sicherheit irgendwann seine Ohren auf Durchzug, um sich vor dem Trommelfeuer deines Geredes zu schützen. Denn damit verwirrst du ihn enorm, weil er nicht herausfiltern kann, was genau du von ihm willst! Soll er ein Kommando ausführen? Hat er was falsch gemacht?

Ständiges menschliches Geplapper führt zu einer Reizüberflutung, die deinen Freund mehr stresst, als du dir vorstellen kannst. Handelt es sich dann auch noch um keine Belanglosigkeiten, die du deinem Hund erzählst, sondern um echte Probleme, die dir zu schaffen machen, wird er deine Anspannung und deinen Kummer genau spüren, ohne dir helfen zu können. Das belastet ihn genauso wie dich!

Kontaktaufnahmen erzwingen

Dein Hund reagiert eher verhalten, wenn ihr unterwegs anderen Leuten begegnet oder jemand zu Besuch kommt? Er zeigt kein Interesse an Kontakt mit Artgenossen? Dann lass dir nicht einreden, er sei nicht ausreichend sozialisiert! Dir selbst ist sicher auch nicht jede Zufallsbekanntschaft auf Anhieb sympathisch und genau wie bei uns gibt es unter Hunden extrovertierte und introvertierte Exemplare. Zwar werden Labrador Retriever allgemein als sehr kontaktfreudig beschrieben, doch auch unter ihnen gibt es welche, die bei Fremden zurückhaltend sind und andere Hunde nicht mögen. Sie haben ihre Familie und das reicht ihnen vollkommen.

Wenn du also merkst, dass sich dein Hund Menschen gegenüber ablehnend verhält und einer Kontaktaufnahme ausweicht, solltest du das unbedingt respektieren und nicht erlauben, dass er gegen seinen Willen gestreichelt oder anderweitig bedrängt wird. Versuch nie, etwas zu erzwingen: Lass ihn entscheiden und selbst bestimmen, wem er näher kommen möchte und wem nicht!

Bei Kontakten zu artfremden Lebewesen musst du besonders vorsichtig sein! Beachte Signale und Körpersprache deines Vierbeiners, halte in jedem Fall einen Sicherheitsabstand ein oder bleib diesseits des Koppelzauns. Nicht jeder Hund ist erpicht auf nähere Bekanntschaft mit Pferden, Kühen oder Schafen, und wenn diese Fluchttiere durch fehlende Distanz in Panik geraten, kann das für alle Beteiligten übel ausgehen, besonders, wenn noch Jungtiere dabei sind!

Achtung: Ein von Natur aus eher ängstlicher, schüchterner Hund wird durch erzwungene Kontaktaufnahmen noch mehr verunsichert. Für ihn kann dann auch der Aufenthalt in einer Spielgruppe oder Hundekita der blanke Horror sein, wenn die Gruppe zu groß ist und er keine Ausweichmöglichkeit hat! Wie Hunde mit Stresssituationen umgehen, schauen wir uns nun genauer an.

Das Eingrenzen

Hunde haben ganz eigene Strategien, mit Konflikt- und Stresssituationen umzugehen. Dazu nutzen sie die bekannten »4 F« als Möglichkeiten:

- **Flight (Flucht):** Der Hund flüchtet aus der Situation.
- **Fight (Kampf):** Der Hund geht in den Angriff als Verteidigung über.
- **Freeze (Einfrieren):** Der Hund verfällt in eine Art »Schockstarre« (erlernte Hilflosigkeit).
- **Flirt (Fiddle about):** Der Hund versucht, die angespannte Situation durch beschwichtigende Gesten oder Spielaufforderungen zu lockern.

Durch unsere Körpersprache hindern wir unseren Hund häufig daran, sich der für ihn stressigen Situation zu entziehen. Das kann beispielsweise passieren, wenn wir frontal auf ein anders Mensch-Hund-Team zulaufen. Ein fremder Hund bedeutet zunächst sowieso oft erst mal Anspannung und Stress für unseren Hund. Er reagiert entsprechend nervös und möchte sich oftmals der Situation entziehen und sich entfernen (flight). Wir hindern ihn daran, in dem wir die Leine verkürzen und versuchen, vor unseren Hund zu laufen. Der Hund hat in dieser Situation keine Chance, seine Bewältigungsstrategie »Flight« entsprechend einzusetzen und aus der Situation zu flüchten. Wir begrenzen ihn durch unseren Körper und lassen ihm keinen Freiraum, um sich dem Stressor zu entziehen. Es bleibt ihm also nichts anderes übrig, als eine andere Strategie zu wählen, unter Umständen eben auch »Fight«. Das bedeutet, der Hund reagiert entsprechend offensiv und aggressiv gegenüber dem fremden Hund.

Auch in dieser beschriebenen Situation setzen wir unseren Körper und unsere Körpersprache eher unbewusst ein und lassen dem Hund damit kaum Freiraum, dem Konflikt oder Stressor aus dem Weg zu gehen und einfach schnell an dem anderen Team vorbeizulaufen. Er hat kaum Chancen und Möglichkeiten, reagieren zu können. Dabei meinen wir das natürlich auch in diesem Fall nicht böse, sondern möchten den Hund eher schützen und ihn durch diese Situation zu leiten. Doch wie gesagt, hat der Hund keine Chance zu flüchten, kann es passieren, dass er die nächste Möglichkeit nutzt und in den Angriff übergeht.

In diesen Fällen achte schon vor dem akuten Moment des Zusammentreffens oder der Konfrontation mit einem Stressor auf die feinen Signale deines Hundes. Wendet er den Blick ab, trägt seine Rute tief, leckt er sich über die Nase oder versucht er einen Bogen zu laufen, sind das eindeutige Signale, dass er sich nicht in die Konfrontation begeben möchte, sondern sich lieber aus der Situation zurückziehen möchte. Gewähre ihm diese angenehme und friedliche Art der Bewältigungsstrategie. Sei achtsam, welche Signale er mit seiner Körpersprache aussendet und reagiere darauf, indem du ihm diese Möglichkeit lässt, und begrenze nicht seinen Rahmen, um sich der Konfliktsituation zu entziehen.

Auch kann es vorkommen, dass ein Hund trotz lockerer Leine und der Möglichkeit, in den »Flight-Modus« zu gehen, aggressiv gegenüber anderen Hunden reagiert. Beachte auch hier wieder den Grundsatz: Sei achtsam. Du erkennst in der Regel schon vor dem Zusammentreffen, wie dein Hund reagiert. Achte auf seine ausgesandten Signale. Eine hochgetragene Rute, ein steifer und hölzerner Gang, gespitzte Ohren und das Fixieren durch seinen Blick sind sichere Anzeichen für Anspannung. Diese Anspannung kann schnell in die Offensive kippen. Um das zu vermeiden, lenke deinen Hund schon um, bevor seine Anspannung ins Unermessliche steigt. Einigen Hunden hilft es, zur Seite zu treten, um sich auf etwas anderes zu konzentrieren. Ein Futtersuchspiel im Gras oder eine Sitz/Platz Übung können schon bewirken, dass sich der Hund nicht in die Konfrontation hinein steigert. Eine weitere Umlenkmöglichkeit: Einen Jackpot für den Hund dabei haben. Das kann wieder ein Spielzeug oder Leckerlis sein. Viele Hunde lieben beispielsweise Käsewürfel oder Leberwurst. Sie wür-

den (fast) alles dafür tun, denn das gibt`s halt nicht ständig. Diese Jackpots kann man supergut während des Gehens einsetzen. Du hast nun die volle Aufmerksamkeit deines Hundes. Seid ihr am anderen Hund ohne Zwischenfall vorbeigegangen, wird noch mal gefeiert. Ein großes Lob, Streicheleinheiten oder auch ein Spiel. Wiederholt man dieses Vorgehen, kann der Hund eine positive Verknüpfung mit Hundebegegnungen machen. »Ein anderer Hund ist zu sehen, jetzt gibt`s einen Jackpot«. Probiere das immer wieder und schaue, was für deinen Hund die individuelle beste Strategie ist.

In akuten und unvorhersehbaren Situationen, zum Beispiel wenn ein fremder Hund um die Ecke biegt und quasi schon vor euch steht, gilt es in erster Linie proaktiv zu handeln. Hier muss der Hund zum Schutz für andere und zum Selbstschutz relativ zackig aus der Situation genommen werden. Schlage daher auf direktem Wege die entgegengesetzte Richtung ein, um Abstand zu gewinnen. Wichtig ist hier, nicht in Panik zu verfallen und selbst ungehalten zu reagieren. Brüllt man seinen Hund in einer solchen Situation an, stachelt ihn das zusätzlich an. Für ihn heißt eine laute Stimme dann nichts anderes als Bestätigung. Der Mensch steigt also in sein Handeln mit ein und reagiert genauso aggressiv auf den anderen Hund. Die Verknüpfung, dass die laute Stimme ihm gilt und seine Entspannung fördern soll, macht er nicht. Es gilt also in jedem Fall: Führe deinen Hund ruhig, souverän und bestimmt aus der akuten Situation heraus.

Zwei der »4 F« finden sich übrigens auch unter den Beschwichtigungssignalen wieder. »Freeze« und »Flirt« werden auch hier gerne zum Überspielen, zur Bewältigung oder zur Verhinderung von Konfliktsituationen als Strategien gezeigt. »Fight« und »Flight« hingegen führt nicht zur Beschwichtigung, sondern zur Konfrontation oder eben um sich aus der Konfliktsituation zu flüchten. Mehr dazu im nächsten Abschnitt.

Beschwichtigungssignale erkennen

Beschwichtigungssignale werden von Hunden nicht nur in der innerartlichen Kommunikation eingesetzt, sondern sind auch sehr häufig in der Kommunikation mit dem Menschen zu beobachten. Sie gelten quasi als Höflichkeitsgesten im Kommunikationsrepertoire des Hundes und führen ihn durch die entsprechende Situation. Die Fähigkeit, diese Signale einzusetzen, ist angeboren. In Sozialkontakten und im Spiel werden sie lediglich noch verfeinert. In dieser Phase kristallisiert sich dann auch oftmals heraus, zu welchem der Beschwichtigungssignale der individuelle Hund mehr tendiert und öfter anwendet als andere. Seine Erfahrungen tragen dazu bei, welche Strategie bzw. welches Signal er bevorzugt einsetzt. Ähnlich wie beim Anwenden der »4 F« – auch hier hat jeder Hund seine individuelle Lieblingsstrategie.

Setzt ein Hund Beschwichtigungssignale ein, hat er bemerkt, dass die Situation angespannt ist und dass sich daraus eventuell ein Konflikt entwickeln könnte. Diese Signale dienen dem Hund vorbeugend dazu, Konflikte zu vermeiden. Ein Hund kann mit diesen Gesten andere Kommunikationspartner besänftigen und sich selbst damit beruhigen. Hunde lernen anhand dieser Gesten die Individualdistanz anderer Hunde zu verstehen und zu achten. Diese Schilderung zeigt uns also zunächst einmal den Hintergrund und Sinn dieser Signale.

Wichtig zu erwähnen ist, dass diese Demutsgesten oder Beschwichtigungssignale immer im Kontext zur Situation und zur übrigen Körpersprache betrachtet werden müssen. Setzt man den Fokus zu sehr auf einen einzelnen Aspekt, führt das häufig zu Missverständnissen durch falsche Interpretation. Man verzettelt sich schnell. Zu beachten ist weiterhin, dass die Intensität, mit der der Hund die Beschwichtigungssignale deutet, nichts über die Intensität seiner Motivation zu beschwichtigen, oder seiner Anspannung aussagt. Erkennen wir die beschwichtigenden Gesten, Mimik oder Körperhaltungen bei unseren Hunden, heißt es nicht automatisch, dass wir eingreifen müssen und unseren Hund aus der Situation retten müssen.

Dieser Teil des Kommunikationsrepertoires gehört zum ganz normalen Hundeverhalten und wir müssen ihm die Möglichkeit geben, sie einzusetzen. Natürlich immer im Rahmen: Einen stark angespannten oder gestressten Hund sollten wir nicht für lange Zeit dieser Situation aussetzen. Hier können wir uns als Vergleich ebenfalls wieder ein Beispiel aus unserem menschlichen Leben vor Augen halten. Wir diskutieren gerade mit einem Arbeitskollegen, was nun die richtige Lösung eines Problems ist, und alle Gesprächspartner sind mit voller Motivation an der Diskussion beteiligt. Auch hier lenken wir Menschen bestenfalls ein und beschwichtigen unser Gegenüber durch Worte und unsere Körpersprache. Uns würde ein wichtiger Teil in unserer alltäglichen Kommunikation fehlen, würden wir niemals angespannte Situationen lösen müssen und wollen. Es gehört zu unserem Leben – und eben genauso ist es bei unserem besten Freund, dem Hund. Wir alle wachsen aus dem Lösen von Konflikten, werden feinfühliger und entwickeln uns individuell weiter.

Wir wissen also nun, dass es wichtig ist, das »Gesamtbild Hund« zu beobachten. Beschwichtigungssignale sind häufig doppelt belegt und können somit verschiedene Hintergründe haben. Das lässt sich ganz gut mit unserem Lachen vergleichen. Wir können aus Verlegenheit, aus Unsicherheit, herablassend, mit jemandem oder über jemanden lachen. Lachen bedeutet also auch bei uns nicht in jedem Fall einfach Spaß und Freude. Ein paar Beispiele für die »Doppelbelegung« von Beschwichtigungssignalen unseres Hundes, wodurch es hier und da auch zu Missverständnissen in der Kommunikation mit der Menschenwelt kommen kann:

- **Das Gähnen** beispielsweise kann beschwichtigen, aber auch einfach ein Zeichen von Müdigkeit sein. Gähnt ein Hund in einer stressbehafteten Situation, hat das meistens nichts mit Müdigkeit zu tun. Das Gähnen aus Müdigkeit würde hier sogar ziemlich unpassend sein, also nutzt der Hund das Gähnen als Beschwichtigungssignal. Beispielsweise in einem Gruppenhundetraining möchte der Hund durch gähnen seinem Menschen mitteilen, dass es ihm gerade etwas zu viel ist und er sich gerne etwas zurückziehen möchte. Er ist also innerlich ziemlich angespannt.

Gähnen ist außerdem ein Verhalten, um sich selbst zu beruhigen. Das Gehirn wird damit mit mehr Sauerstoff versorgt, um wieder etwas klarer denken zu können. Auch dieser Zusammenhang zeigt den Umgang mit Stress oder Überforderung. Übrigens ist das auch häufig bei Menschen zu beobachten. Sie gähnen, wenn sie überfordert oder gestresst sind. Vielleicht ist es bei dir genauso, achte ruhig einmal darauf.

- **Die Vorderkörpertiefstellung** wird ebenfalls in verschiedenen Absichten gezeigt. Sie kann als Spielaufforderung gegenüber eines Spielpartners gezeigt werden. Hierzu wird das Verhalten aus der Bewegung oder aus lockeren und flüssigen Bewegungen heraus gezeigt. Aber auch als Beschwichtigung dient die Tiefstellung des Vorderkörpers und um angestaute Anspannung abzubauen. Die Muskeln werden dabei gestreckt und gedehnt, was zur Entspannung beiträgt. Das kennen wir auch von uns selbst. Sind wir beispielsweise angespannt am Arbeiten, hilft es sich zu Strecken, damit der Körper sich wieder ein wenig entspannt. Mit der Vorderkörpertiefstellung aus der Anspannung heraus oder zur Beschwichtigung gehen eher mit steifen und angespannten Bewegungen einher, – manchmal auch gefolgt von »Freeze«. Das Gesamtbild des Hundes lässt also die Intention hinter der Vorderkörpertiefstellung erkennen. Spaß und Spiel wirkt wie gesagt locker und entspannt, Beschwichtigung wirkt eher angespannt. Oft werden auch hier weitere Beschwichtigungssignale gezeigt und zum Beispiel der Blick abgewendet.

- **Das »Über die Nase lecken«** oder züngeln. Hunde nutzen dieses Signal gerne zur Beschwichtigung, besonders im Spiel ist das sehr häufig zu beobachten. Manchmal sind es nur wenige Millimeter und für uns in aktiven Situationen kaum wahrzunehmen. Hunde lecken sich auch über die Nase, wenn wir Menschen aufgebracht sind, die Hunde zeigen uns damit, dass sie uns besänftigen wollen. Doch auch nach einer Kuscheleinheit, wenn der Hund sich zurückziehen möchte, kann er dieses Verhalten zur freundlichen und höflichen Beendigung des Kuschelns nutzen. Nach einer leckeren Mahlzeit oder nach dem Trinken zeigen

Hunde auch die Zunge, um sich über die Nase zu lecken. Auch Sodbrennen kann der Auslöser sein. Also auch hier ist immer der Kontext zu betrachten. Eventuell fühlt sich der Hund unter Druck gesetzt und zeigt das Züngeln im Kontext dazu. Das Züngeln kann bei den meisten Hunden im Alltag sehr häufig beobachtet werden. Erkennen und achten wir dieses Verhalten, bringt uns das schon einen großen Schritt weiter in unserer Teamkommunikation.

- **Das Zusammenkneifen der Augen oder das Blinzeln** kann ein Beschwichtigungssignal sein. Gerade in der direkten Konfrontation, wenn sich zwei Hunde gegenüberstehen, kann dieses Signal zum Besänftigen eingesetzt werden, oder aber auch, wenn ein Hund unsicher ist. Blendet die Sonne, kneifen Hunde die Augen ebenfalls zusammen. Im Prinzip genau wie wir Menschen. Ist es extrem hell durch die geballte Ladung Sonne oder durch den knalligen Fotoblitz, kneifen wir ebenso die Augen zusammen. Das Blinzeln oder das Zusammenkneifen der Augen wird auch gerne von Hunden gezeigt, wenn wir sie gerade fotografieren. Bestimmt hast du auch schon viele solcher Fotos von deinem Hund gemacht.

- Natürlich **schnüffeln** unsere Hunde viel und gerne auf dem Boden herum. Es wird die Umgebung abgecheckt oder vielleicht findet sich doch noch ein Kekskrümel. Doch dieses Verhalten kann auch wieder zur Beschwichtigung gezeigt werden. Es ist ganz interessant zu beobachten, der der Blick wandert dabei dann doch gerne mal ab und ist nicht auf die Schnüffelstelle fokussiert. Das wirkt also allgemein ziemlich halbherzig und man erkennt keinen Grund. Das Schnüffeln kann auch im Spiel eingesetzt werden, wenn der Hund das Spiel ein wenig entschleunigen möchte und die Stimmung doch ein wenig angespannter wird.

- Ein weiteres Beschwichtigungssignal, welches erst mit dem Zusammenleben mit dem Menschen verstärkt auftritt: **das »Lächeln«**. Das Lächeln setzen einige Hunde zur freundlichen und freudigen Begrüßung ihres Menschen ein. Es kann jedoch auch ein Beschwichtigungssignal sein, welches in der Kommunikation mit uns und mit anderen Hunden eingesetzt wird. Dieses Signal muss aber immer im Kontext betrachtet werden, um es richtig zu deuten.

- Viele Hunde versuchen, ihr gegenüber zu besänftigen, indem sie ihren Blick oder ihren ganzen Körper **abwenden**. Auch hier kann man wieder Parallelen zu uns Menschen ziehen. Wir wenden unseren Körper ebenfalls ab, wenn wir keine Konfrontation mit unserem Gegenüber eingehen möchten oder einfach nicht an einer Kommunikation interessiert sind. Hunde wenden sich ab, wenn sie sich in dieser Situation gerade unwohl fühlen und sich dessen gern entziehen möchten. Das kann aber natürlich auch Desinteresse bedeuten, wenn beispielsweise immer wieder Spielaufforderungen folgen, obwohl einer der Hunde gerade gar keine Lust hat. Er wendet sich ab. Somit ist es auch hier wieder wichtig, dass du den Kontext mit betrachtest. Wendet der Hund lediglich seinen Blick ab, ist dies meistens tatsächlich als Beschwichtigungssignal gemeint. Beispielsweise bei Hundebegegnungen oder wenn wir einen Hund über den Kopf streicheln, wendet er seinen Blick ab. Oft wird dazu auch noch der Kopf eingezogen. So wird die Beschwichtigung noch einmal verstärkt. Ein häufig missverstandenes und nicht wahrgenommenes Signal, dass sich der Hund in diesem Moment komplett unwohl fühlt. Meistens reden die Menschen dann aber noch auf den Hund ein, fixieren ihn mit unserem Blick und beugen sich vor – ein Teufelskreis. Hier kommt es übrigens oftmals zu Beißvorfällen, gerade wenn sich Hund und Mensch noch völlig fremd sind.

Das Pföteln oder das Pfote heben zählt ebenfalls zu den Signalen der Beschwichtigung. Es wird oft beim Zusammentreffen zweier Hunde gezeigt, wenn sie sich gerade beschnüffeln. Hunde pföteln häufig im Zusammenspiel mit weiteren Signalen wie beispielsweise dem Abwenden des Blickes. Auch bei der Untersuchung durch einen Tierarzt heben Hunde häufig die Pfote. Sie fühlen sich bei einer Behandlung schnell bedrängt, denn der Tierarzt beugt sich dabei gerne auch über den Hund und tastet ihn ab. In solchen Momenten zeigt auch der restliche Körper des Hundes Demutsgesten. Durch das »sich kleinmachen« mit abgeknickten Hinterbeinen, zurückgezogenen Ohren, dem Abwenden des Kopfes wirkt der Hund schon im Gesamteindruck beschwichtigend, und man sieht ihm sein Unwohlsein an. Er möchte sich zurückziehen und das Gewicht wird dabei noch verstärkt durch das Pföteln, auf die Hinterbeine verlagert. Diese Kombination der Körpersprache ist aber nicht aufdringlich gemeint, sondern friedlich.

- Nähern sich zwei Hunde beim Aufeinander zugehen in einem Bogen an, ist dieses ein sehr höfliches und friedliches Signal. Auch dieses Verhalten kann man zu den Beschwichtigungssignalen zählen, denn von diesem geht keinerlei Drohung aus. Ein sehr höfliches, soziales und freundliches Signal und sehr schön bei Hundebegegnungen zu beobachten. Kennen sich die Hunde schon sehr gut und sind befreundet, kann dieser Bogen auch mal sehr klein ausfallen und die Kontaktaufnahme findet eher frontal statt. Bei einer »normalen« Hundebegegnung fällt die Annäherung im Bogen jedoch ins Auge. Übrigens bewirkt das Bogen laufen an der Leine gerade bei Leinenpöblern oft schon sehr viel positives. Der Druck wird aus der Situation genommen und sie gestaltet sich im Allgemeinen sehr viel friedlicher und freundlicher. Man gibt dem Hund damit Sicherheit und zeigt Verständnis für die hündische Kommunikation. Auch hier ist leider häufig zu beobachten, das Hunde frontal an der Leine aufeinander zugezerrt werden – eine äußerst ungünstige Herangehensweise für ein harmonisches Aufeinandertreffen. Dem Hund wird keine Möglichkeit gegeben, das freundliche Beschwichtigungssignal zu zeigen. Er wird damit stark in seiner Kommunikation eingeschränkt.

Bestimmt erkennst du anhand dieses Beispiels, wie einfach es sein kann, Hunde in ihrer höflichen Kommunikation zu unterstützen, um vorausschauend Konflikte oder Spannungen zu vermeiden: Trifft ein Hund auf einen anderen Hund, kann der Beschwichtigende zum Beispiel Stress und Unsicherheit zeigen, in dem er einfriert (Freeze). Das »Freeze« zählt wie beschrieben zu den »4 F« des Stressmanagements. Gewissermaßen sagt er damit, »ich fühle mich gerade nicht so wohl und bin angespannt«. Der andere Hund, der vorher keine dieser Signale gesendet hat, kann daraufhin antworten und ebenfalls Beschwichtigungssignale einsetzen. Zum Beispiel wendet er den Kopf ab oder züngelt. Damit sagt dieser gewissermaßen »Okay, ich habe dich verstanden, alles ist gut. Auch ich will keinen Stress, du kannst dich also entspannen«. Der unsichere Hund kann sich daraufhin entspannen und wird lockerer. Die Hunde können sich dann vorsichtig und freundlich nähern, denn keiner der beiden hat böse Absichten. Diese Unterhaltung ist spannend zu beobachten.

Die beschriebenen Signale sind in jedem Hund verankert. Es gibt in Bezug auf die strategische Auswahl der Beschwichtigungssignale jedoch mitunter auch rassespezifische Unterschiede. Hunde mit langem, zotteligen Fell setzen beispielsweise nicht so sehr auf die Kommunikation mit den Augen. Das viele Fell lässt diese Signale nicht so einfach deuten. Kurznasige Rassen wie Bulldoggen setzen in der Kommunikation eher auf Körpersprache und weniger auf die Mimik. Sie pföteln beispielsweise eher. Außerdem gibt es Hunde, die durch kupierte Ohren oder Ruten in ihrer Kommunikation stark eingeschränkt sind. Es entstehen dabei auch zwischen Hund und Hund Missverständnisse oder Anspannungen in der Kommunikation. Diese Hunde haben somit ebenfalls gelernt, eher ihren übrigen Körper als gesamtes einzusetzen und nicht auf die feinen Signale der Rute oder Ohren zu setzen. Sie wenden dann eher den Kopf oder den Körper ab.

Oftmals übersehen wir Menschen diese Signale und erkennen sie vor allem nicht als solche. Beschwichtigungssignale sind immens wichtig für eine klare Kommunikation, sei es zwischen Hund und Hund aber auch zwischen Hund und Mensch. Erkennen wir also nicht, was uns der Hund beim Beschwichtigen sagen möchte, kann dies zu Frustration oder gar Aggression führen. Es liegt also auch in diesem Bereich wieder an uns, dass wir unseren Hund besser lesen und verstehen können. Leider kommt es durch vom Menschen nicht verstandene Beschwichtigungssignale oft dazu, dass der Hund stärker versucht zu kommunizieren. Wir haben ja seine Versuche vorher nicht respektiert oder verstanden. Die nächste Stufe wäre dann das Knurren oder Schnappen. Im Grunde ist das also ein völlig normales hündisches Verhalten. Doch viele, viele Hunde werden dann als aggressiv beschrieben oder gar aus der Familie genommen. Es liegt an uns, hündisch zu lernen, um den Hund lesen zu können. Unser Hund kann uns nun mal nicht mit der Stimme erzählen, was er fühlt. Er nutzt seine Körpersprache dazu, uns das klar zu machen. Ich kann es gar nicht oft genug betonen, dass wir achtsam und verständnisvoll gegenüber unseren Hunden sein müssen. Durch Achtsamkeit lassen sich so viele Probleme schon lösen oder lassen sie gar nicht erst entstehen. Doch wir müssen uns mit der Körpersprache unseres Hundes beschäftigen, damit wir sie lesen und deuten können. Ein wunderbarer Tipp: Mache Videos von deinem Hund in verschiedensten Situationen und Aktionen. Es lässt sich so viel herauslesen, Signale erkennen, die wir im Eifer des Gefechts schlichtweg übersehen. Achte dabei auf die unterschiedlichen körpersprachlichen Signale wie zum Beispiel die Körperhaltung, der Blick und die Mimik und Gestik, die Rutenstellung oder die Ohrenstellung. Auch Fotos eignen sich wunderbar, um eine Veränderung zu erkennen. Bitte gerne auch jemanden, um dich und deinen Hund in der Teamarbeit zu filmen. So erkennst du, welche Signale du an deinen Hund gesendet hast und wie das auf deinen Hund wirkt. Manchmal gibt das sehr viel Aufschluss über mögliche Probleme oder Kommunikationsschwierigkeiten.

Fotografiere deinen Hund in den unterschiedlichsten Momenten – beim Entspannen, beim Spielen, beim Gassi gehen oder beim Warten auf die Behandlung beim Tierarzt. Es lässt sich damit super erkennen, wie dein Hund aussieht, wenn er entspannt ist oder in irgendeiner Form angespannt ist. Was verändert sich? Wie ändert sich die Mimik und Gestik? Worauf kann ich also explizit achten?

Lerne, deinen Hund zu lesen

Wir tragen mit Achtsamkeit und der Bereitschaft und Motivation, unseren Hund lesen und verstehen zu können, einen großen Teil zu einem harmonischen Zusammenleben als Team bei. Im Übrigen baut darauf auch wieder die schon im ersten Teil beschriebene Bindung zwischen dir und deinem Hund auf, denn dazu müsst ihr euch zunächst überhaupt verstehen. Reden wir Menschen den ganzen Tag aneinander vorbei oder ignorieren uns, kann auch hier keine tiefe Bindung entstehen. Dein Hund versucht, mit dir zu kommunizieren und dir etwas mitzuteilen. Gehen wir darauf ein und zeigen ihm mit unserem Verhalten, das wir ihn verstanden haben, ist das doch eine wunderbare Voraussetzung für eine enge Mensch-Hund-Bindung mit Nachhaltigkeit. Unsere Hunde geben sich sehr viel Mühe, mit uns zu kommunizieren und möchten uns so viel mitteilen. Wohl viel mehr als anders herum. Alleine diese Tatsache sollten wir schätzen und nutzen. Ignoranz oder gar Bestrafung nimmt dem Hund wiederum die Sicherheit und das Fundament, um Vertrauen und Bindung aufzubauen. Im Alltag und im Training mit unserem Hund neigen wir dazu, den Fokus auf gewünschtes Verhalten zu setzen. Die Kommunikation dazwischen ist aber immens wichtig, um überhaupt zu verstehen, zu Vertrauen, Sicherheit zu bieten und einfach Harmonie im Mensch-Hund-Team beizubehalten. Das sollte uns immer bewusst sein und im Fokus stehen.

Hunde teilen sich ständig mit. Man glaubt es kaum, doch nicht jeder Hundehalter will den Hund verstehen. Die Kommunikation wird hier quasi einseitig angewandt, man kann also eigentlich nicht von Kommunikation sprechen. Zu einer Kommunikation gehört immer auch ein Gegenüber, der dieses auch als solches wahrnimmt. In einigen Fällen soll der Hund einfach nur die Kommandos seiner Besitzer befolgen und weiter nichts. Liest man dieses Buch, ist man zum Glück schon viele Schritte weiter und beschäftigt sich mit der Kommunikation und den Gefühlswelten unserer Hunde.

Der wohl wichtigste Unterschied in Bezug auf die Kommunikation zwischen Mensch und Hund ist wohl die Sprache. Hunde kommunizieren in erster Linie über die Körpersprache, Mimik und Gestik. Auch setzen sie Duftstoffe ab. Wir Menschen können diese jedoch meistens nicht wahrnehmen. Nehmen wir sie hingegen wahr, wissen wir nichts damit anzufangen. Sie sind jedoch wichtige Botschaften für andere Hunde. Laute geben Hunde zwar auch von sich, aber diese Form der Kommunikation ist erst mit der Domestikation so richtig in den Vordergrund getreten. Die Vorfahren unserer heutigen Haushunde, die Wölfe, setzen nur sehr selten Laute in der Kommunikation untereinander an. Erst durch das Zusammenleben mit uns Menschen hat sich der Haushund an unsere Sprache angepasst. Hunde können mit der verbalen Lautäußerung unterschiedlichste Botschaften aussenden. Die vier häufigsten im Alltag gezeigten Vokalisationen sind beispielsweise:

Bellen

- Das Spielbellen ist von hohen Tönen geprägt. Es kann fast ein wenig albern klingen und vermischt sich gerne mit unterschiedlichen anderen Vokalisationen wie dem Jaulen.

- Das kurze, wiederholte Bellen sagt uns, dass der Hund in diesem

Moment Abstand möchte. Hierbei ist der Ton gleichbleibend, genau wie die Lautstärke. Es klingt fast monoton.

- Bei einer Drohung wird das Bellen häufig mit dem Knurren und Wuffen vermischt und die Belllaute sind sehr tief. Im Gegensatz zum einfachen Wunsch nach Abstand ist der Ton und die Lautstärke nicht monoton, sondern variiert. Hierbei gibt uns im Übrigen auch wieder die restliche Körpersprache Hinweise auf den erregten Gemütszustand des Hundes: Die Maulspalte ist kurz (fast wie ein »C«), das Nackenfell stellt sich auf und der Blick ist fixiert.

- Das Bellen kann auch auffordernd gemeint sein. Kombiniert mit einer angespannten Körperhaltung und erwartungsvollem Blick, wird das Bellen nach und nach lauter sowie prägnanter, wenn der Hund nicht die gewünschte Aufmerksamkeit bekommt.

Knurren

Ein **Knurren** kann man häufig in angespannten Situationen, aber auch im Spiel mit unseren Hunden wahrnehmen. Im Spiel wird das Knurren meistens nur kurz gezeigt und die Tonlage ist eher hoch. Der gesamte Körper des Hundes ist locker und beweglich oder gar in Vorderkörpertiefstellung.

Bestimmt kennst du das auch: Dein Hund liegt auf seinem Lieblingsplatz am Fenster und hat einen guten Ausblick auf das Geschehen draußen. Läuft ein anderer Hund an seinem Territorium vorbei, oder entdeckt er etwas anderes interessantes, stellt er die Ohren auf und richtet seinen Körper auf. Es folgen ein paar kurze »**Wufflaute**«. Es klingt wie ein kurzes Bellen, jedoch ist das Maul geschlossen. In einer solchen Situation warnt uns der Hund – frei nach dem Motto »Da draußen habe ich etwas entdeckt, was gefährlich sein könnte«. Geht man daraufhin selbst nachschauen, klingt das Wuffen auch schon wieder ab.

Winseln

Das **Winseln** wird in ganz unterschiedlichen Situationen vom Hund angewandt. Winselt der Hund und zieht sich dabei zurück, kann das darauf hindeuten, dass der Hund Schmerzen hat. Selbstverständlich sollten wir das ganz genau beobachten und unter Umständen einen Tierarzt befragen. Ist die Rute eingeklemmt und zeigt der Hund beim Winseln zusätzlich Meideverhalten, deutet das auf Angst hin. Ihm ist ganz und gar nicht wohl bei der Sache. Einsamkeit oder Trennungsangst wird ebenfalls von einem wiederholten Winseln begleitet. Bei Trennungsangst zeigt der Hund weitere Stressanzeichen wie allgemeine Nervosität und hecheln. Das Winseln als Aufforderung ist wohl jedem Hundebesitzer bekannt, der Hund fiept und winselt, um endlich Aufmerksamkeit zu bekommen.

Mimiken

Wir Menschen achten in unserer Kommunikation untereinander also hauptsächlich auf Worte und auf die Mimik. Unser Fokus liegt auf dem Gesicht unseres Gegenübers. Wie gesagt, setzen Hunde zwar auch Lautäußerungen und ihr Gesichtsausdruck ein, doch der Fokus in ihren Unterhaltungen liegt hauptsächlich auf der Körpersprache. Hunde beherrschen es in Perfektion, sich kreativ und klar über ihre Körpersprache auszudrücken. Als Mensch kann man fast neidisch werden, denn ein Blick oder ein körperliches Signal unserer Hunde sagt oft mehr aus als unsere Worte. Sie können sich überall verständigen, denn die Hundesprache ist überall auf der Welt gleich. Sie verstehen sich ohne große Sprachprobleme.

Runzelt unser Hund also beispielsweise die Stirn, können wir uns nicht nur auf dieses Detail stützen. Das Stirnrunzeln kann bedeuten, dass der Hund gerade nicht so gut drauf ist, es kann aber auch bedeuten, dass er gerade etwas Spannendes im Blick hat.

Es gilt demnach die gesamte Körpersprache im Blick zu haben und den Hund auch in diesen Momenten als Ganzes zu betrachten.

Genau wie bei dem vorgenannten Beispiel des Stirnrunzelns kann es auch schon beim Betrachten der Mundwinkel unter Umständen zu Missverständnissen kommen. So gibt es Hunde, deren Mundwinkel von Natur aus eher herunterhängen, beispielsweise bei den Molossern. Es ist von Individuum zu Individuum unterschiedlich, wie das Gesicht im »Normalzustand« als Ganzes aussehen und wirken. Ein paar Merkmale können wir aber beim Betrachten der Mundwinkel und Lefzen klar deuten:

- Angespannte Lefzen, eine kurze Maulspalte mit geschlossenem Maul deuten auf Anspannung hin. Der ganze Hundekörper wirkt ebenfalls nicht locker und weich. Das können wir hin und wieder bei Hundebegegnungen beobachten, wenn sich die beiden Hunde noch nicht kennen. Die Stimmung ist dann oft ein wenig angespannt, eben genau wie die Lefzen.

- Sind die Lefzen entspannt und das Maul ist leicht geöffnet, ist der Hund in diesem Moment entspannt. Kombiniert mit weichem Blick deutet nichts auf eine innere Spannung hin.

- Sind die Mundwinkel nicht entspannt und lang, sondern kurz und angespannt in Kombination mit dem Zähne zeigen, gilt das als deutliche Warnung für den Gegenüber des Hundes.

Menschen neigen dazu, durch diese Tatsache schon etwas in die Stimmung und in die Kommunikation des Hundes hineinzuinterpretieren. So lacht der eine Hund uns an und dem anderen geht man aufgrund seiner offensichtlichen schlechten Stimmung eher aus dem Weg. Es gibt übrigens tatsächlich einige Hunderassen, wie zum Beispiel den Mops oder den Dalmatiner, die unser menschliches Lachen über die Jahre hinweg gelernt haben, zu imitieren. Einige Hunde lächeln uns also wirklich an, wenn sie sich gerade besonders freuen. Nicht selten werden dabei sogar die Zähne gezeigt. Hier besteht jedoch wieder die Gefahr, dieses Lächeln als Aggression zu interpretieren. Gerade dieses Beispiel zeigt, wie wichtig es ist, den Hund als Ganzes zu betrachten. Das kann im ersten Augenblick leicht wie ein Grinsen oder Lächeln wirken. Wackelt der ganze Hundekörper mit ausladendem Schwanzwedeln und weichen und lockeren Bewegungen, freut sich der Hund wohl gerade ganz besonders.

Bei unseren Mitmenschen sind die Augen ein sehr wichtiges Kommunikationstool. In der Regel schauen wir unserem Gesprächspartner in die Augen. Wir achten also ganz automatisch auch bei Hunden auf ihre Augen.

- Das Fixieren mit den Augen wird als Drohung eingesetzt. Der

Blick wirkt hart und die Lider sind angespannt. Die Augenbrauen sind zusammengekniffen, vergleichbar also mit unserem menschlichen Ausdruck von einer negativen Stimmung. Bei ernst gemeinten Drohungen sind auch die Lefzen angespannt und die Maulspalte ist zum »C« geformt.

- Die Pupillen der Hunde verändert sich je nach emotionalem Zustand. Weite Pupillen deuten auf Stress hin. Achte doch mal darauf beim nächsten Tierarztbesuch oder in für deinen Hund ängstlichen Situationen.

- Als beschwichtigende Geste gilt das häufige Blinzeln mit den Augen und das Abwenden des Blicks. Dabei wirken die Augen im Gegensatz zum drohenden Blick eher weich.

- Große und aufgerissene Augen deuten, wie die weiten Pupillen, auf Angst oder Stress hin. Man kann dann oft das weiße in den Augen sehen. Die Kopfhaut ist dabei glatt gezogen, ebenso wie die Augenbrauen.

Doch auch hier gibt es rassespezifische Unterschiede. Ein Molosser wirkt auf einige Menschen unter Umständen schon fast düster dreinblickend, weil die Augenlider im Vergleich schon recht tief hängen. Ein Chihuahua hingegen erweckt nicht zuletzt aufgrund der großen Kulleraugen das Kindchenschema bei einigen Menschen. Bei Rassen wie der Französischen Bulldogge oder dem Mops sind die Augen zuchtbedingt im Vergleich zum restlichen Gesicht recht groß. Dadurch kann es passieren, dass die Augen anfangen zu tränen. Laien meinen dann zu erkennen, dass der Hund weint. Weinen bedeutet Traurigkeit aus menschlicher Sicht. Doch in diesem Beispiel ist schlichtweg die Anatomie des Hundes ausschlaggebend für die tränenden Augen.

Es kann in diesen Fällen schnell zu Missverständnissen oder Irritationen kommen, aufgrund unserer Interpretation. Versuche doch einmal ein Bild oder ein Video deines Hundes einfach nur zu beschreiben. Klingt easy, oder? Doch meistens fängt es hier schon an und wir fangen an zu interpretieren. Der Hund stellt gerade die Rute nach oben, weil .... Es liegt wohl scheinbar in unserer Natur, Dinge in Situationen oder Bilder hineinzuinterpretieren. Es will gelernt sein, auch einfach nur mal zu beobachten und zu sehen.

Beschäftigen wir uns näher mit dem Verhalten unserer Hunde, müssen wir natürlich meistens interpretieren. Interpretieren, um zu verstehen und um zu kommunizieren. Doch gerade in Sachen Gesichtsausdruck neigen wir dann wiederum dazu, die Signale aus menschlicher Sicht zu deuten.

Anhand der vorgenannten Erkenntnisse rund um das Beobachten und Deuten ist es für die klare und verständliche Kommunikation mit unseren Hunden also extrem wichtig, den Hund zumindest bis zu einem gewissen Grad hündisch lesen zu können. Doch wir neigen wie bereits erwähnt dazu, die Ausdrucksweise zu vermenschlichen. Wir müssen uns also darauf sensibilisieren, uns nicht von unserer »falschen« Empathie beim Anblick einiger Hunde treiben lassen. Natürlich sind auch wir Menschen sehr soziale Lebewesen und es fällt uns nicht zuletzt dadurch schwer, unsere Emotionen auf das wesentliche und wichtige zu lenken. Zum Wesentlichen und Wichtigen gehört nun mal nicht nur der Hundeblick oder die gerunzelte Stirn, sondern besonders die restliche Körpersprache. Um unsere Hunde tatsächlich besser zu verstehen, reicht es nicht aus, einzelne Signale oder Ausdrücke losgelöst voneinander zu betrachten.

Bei unseren eigenen Hunden, zu denen bestenfalls eine enge Bindung besteht, sollten wir erkennen können, wie es um sie gestellt ist. Aus meiner Erfahrung kann ich sagen, dass ich es sehr wohl erkennen kann, ob mein Hund gerade einfach etwas emotionslos daliegt, weil er entspannt, oder ob es ihm tatsächlich nicht gut geht. Das hat einerseits mit Sicherheit etwas mit meinem Bauchgefühl zu tun, andererseits auch mit der Beobachtung meines Hundes in seinem gesamten Leben und in vielen unterschiedlichsten Situationen. Geht es meinem Hund nicht gut, haben die Augen den entsprechenden Ausdruck und die gesamte Mimik sagt es mir. Die Körperhaltung nebst Verhalten tut natürlich ihr Übriges. Hundebesitzer werden dieses Gefühl wohl kennen. Man kann das auch nicht in Lehrbüchern festhalten oder bis ins kleine Detail erklären. Man fühlt es einfach. Das macht im Übrigen Bindung und Achtsamkeit aus. Mir ist wichtig zu erwähnen, dass manchmal auch einfach das eigene Bauchgefühl mehr aussagt als Tausende Bilder in Büchern. Die Kombination aus Bauchgefühl und Beobachtung beziehungsweise Lesen der Körpersprache macht wohl eine gute Kommunikation aus. Je mehr wir jedoch die Körpersprache zu deuten wissen, hilft uns das in unserem Alltag im Zusammenleben mit den Hunden ein gutes Stück weiter.

Ist mein Hund glücklich?

Bestimmt möchtest auch du deinem Hund ein tolles Leben bieten und du wünschst dir von Herzen, dass dein Vierbeiner glücklich ist. Doch wie erkennt man das überhaupt? Das Gute ist, dass Hunde uns nichts vormachen. Sie drücken klar und ehrlich aus, wie sie sich fühlen. Hunde spielen uns nichts vor.

Es gibt eine Reihe von Merkmalen, wie du erkennst, ob dein Hund glücklich ist. Da wäre zum einen natürlich das Ausdrucksverhalten. Also das, was wir schon auf den ersten Blick sehen können.

Wie wirkt dein Hund auf dich?

Beobachte deinen Hund ganz bewusst. Ist er eher freudig und aufgeschlossen oder wirkt er eher zurückgezogen und introvertiert? Lasse also einmal den Gesamteindruck deines eigenen Hundes auf dich wirken. Das bewusste Beobachten des gesamten Ausdrucks mit Mimik, Gestik und Körpersprache gibt schon viel Aufschluss auf den inneren Zustand deines Hundes. Geht es Hunden nicht gut oder sind sie zurzeit gerade nicht besonders glücklich, lässt sich das oft schon am Gang erkennen. Mit wenig Elan trotten sie durch die Welt. Ihre Augen wirken trüb und leidlich. Hüpft der Hund hingegen umher und läuft voller Tatendrang und Power mit dir mit, lässt das schon auf gute Zufriedenheit deuten. Die Augen strahlen und die gute Laune kann man nicht übersehen. Natürlich gibt es auch hier individuelle Unterschiede wie bei uns Menschen. Jeder Hund sieht anders aus, wenn er wirklich glücklich ist. Es gibt von Natur aus extrovertierte Hunde, ebenso gibt es aber auch eher zurückhaltende Hunde. Aber das Gesamtbild lässt eigentlich keine Zweifel offen. Darauf sollten wir vertrauen. Sieht unser Hund glücklich aus und trägt die Fröhlichkeit und das Glück nach außen, müssen wir das gar nicht ständig hinterfragen, sondern einfach auch diese Momente mal genießen.

»Lachen« Hunde viel und sind grundsätzlich fröhlich ist das aber doch so ziemlich gleichbedeutend mit Glück, oder? Haben wir Spaß zusammen mit unseren Hunden, macht uns das wiederum auch glücklich. Und ganz automatisch wächst die Bindung zwischen Mensch und Hund – wie schon im ersten Abschnitt beschrieben.

Was macht deinen Hund glücklich? Hast du dir diese Frage schon einmal selbst gestellt? Hunde machen sich nichts aus den schicksten Halsbändern oder dem teuersten Spielzeug. Diese materiellen Dinge zählen für sie nicht zu grundlegenden Dingen, um glücklich zu sein. Diese Dinge sind, wenn wir ehrlich sind, eher für uns Menschen wichtig. Zumindest meinen wir, dass dem so ist. Unsere Hunde sollen natürlich auch schick aussehen und ihnen soll es an nichts fehlen. Für Hunde sind jedoch andere Dinge von Bedeutung, um glücklich zu sein. Zunächst sind für alle Hunde die Befriedigung der Grundbedürfnisse wichtig, um zufrieden und glücklich zu sein, wie zum Beispiel Futter, Wasser, einen Schlafplatz, Zuneigung und Sicherheit. Hunde streben nicht nach Anerkennung, Materiellem oder Bewunderung. Sie sind ganz bei sich selbst und haben keine so abstrakten und weit in die Zukunft reichenden Gedanken und Wünsche wie wir. Hunde leben im Hier und Jetzt. Wie teuer das orthopädische Bettchen oder das glitzernde Halsband nun war, interessiert einen Hund nicht. Es sind die für uns »kleinen« Dinge, mit denen wir unseren Hunden glücklich machen können. In unserer Konsumgesellschaft geraten diese Grundbedürfnisse schnell in den Hintergrund. Sie sind einfach da und gelten als selbstverständlich. In der Hundewelt ist das anders, vielleicht sollten wir diese Erkenntnisse auch für uns selbst einmal vor

Augen führen. Mit Sicherheit können wir uns von unseren Hunden wieder mal eine Scheibe abschneiden. Gemeinsam glücklich sein mit der gemeinsamen Zeit. Im Hier und Jetzt. Es ist eigentlich ganz easy, oder? Also überlege, was deinen Hund tatsächlich glücklich macht und beobachte ihn dabei. Schreibe dir dazu auf, was du siehst und wie dein Hund die Signale von Glück zeigt. Ein Foto zum Vergleich kann dir helfen, wenn du dir nicht sicher bist, wie sich dein Hund fühlt. Du kannst ganz bewusst beobachten und die Unterschiede festhalten. Um das Glück deines Hundes zu erkennen, können folgende Fragen/ Merkmale Aufschluss geben:

- Woran erkenne ich, dass mein Hund glücklich ist?
- Was zeigt seine Mimik und seine Körpersprache?
- Wie verhält er sich?
- Wie oft zeigt er dieses Verhalten?
- Was macht meinen Hund glücklich?
- Worüber freut er sich am meisten (welches Objekt oder Leckerli, welche Aktivität)?
- Wie erkenne ich die unterschiedliche Intensität der Freude?

Schaust du dir diese Notizen oder Bilder im Nachhinein noch einmal an, wird es leichter, deinen Hund richtig zu lesen. Diese Beobachtungen werden auch gerne in Verhaltenstherapien oder Trainings genutzt, damit der Besitzer die Gefühle des Hundes erkennt. Für das weitere Training oder die Therapie ist es sehr wichtig, die Botschaften des Hundes erkennen zu können, um effektiv zu arbeiten.

Fazit: Wir können also festhalten, dass wir unsere Hunde immer als Gesamtbild wahrnehmen sollten. Ein wichtiger Aspekt, den wir Hundebesitzer bei der Kommunikation mit unseren Vierbeinern nicht vergessen sollten, ist die Irritation durch unsere Mimik, Gestik und auch unsere Stimmlage. Hunde nehmen feine Nuancen wahr. Rufen wir den Hund beim Namen, sind aber irgendwie gestresst, weil wir unter Zeitdruck stehen, merkt unser Hund die Veränderung in der Stimme. Dieses sollte uns immer bewusst sein. Es ist ein Leichtes, dass wir für unseren Hund nicht sonderlich kompetent wirken, wenn wir uns widersprüchlich mitteilen.

Hunde hingegen sind herrlich klar und authentisch in ihren Mitteilungen. Doch bewerten wir nur einzelne Aspekte des Ausdrucksverhaltens, fehlt immer ein großes Stück im Mosaik des Gesamtbild Hund. Uns kommt zugute, dass Hunde im Gegensatz zu uns Menschen ihre Gefühle und ihren Ausdruck nicht verschleiern oder vortäuschen. Das, was sie uns mit ihrem Körper sagen, meinen sie auch genauso. Sie sind authentisch. Schauspielern liegt Hunden (zum Glück) nicht, da sind wir als Mensch die wahren Künstler. Der Kontext als Gesamtes gibt uns die fehlenden Mosaikplättchen, die wir für ein vollkommenes und klares Bild unseres Hundes brauchen.

Stimmungsübertragung

Bestimmt kennst du das auch: Du bist genervt oder angespannt und irgendwie ist in diesen Situationen auch dein Hund nicht entspannt und nervös. Das könnte daran liegen, dass du deine innere Stimmung ganz unbewusst und automatisch auf deinen Hund übertragen hast. Das lässt sich gar nicht vermeiden. Gefühle bleiben manchmal nur für eine kurze Zeit, sie kommen unwillkürlich und gehen auch wieder. Wie schon beschrieben, sind Hunde hochsensibel, was Gefühle, Emotionen und die Ausdrucksweise von ihrem Gegenüber angeht. Wir nehmen sie in »unsere« Welt auf und leben mit ihnen gemeinsam. Dadurch sind sie in gewisser Weise darauf angewiesen, uns zu verstehen und uns so gut wie möglich lesen zu können. Du kannst also versuchen, ruhig und freundlich mit deinem Hund zu sprechen, obwohl du gerade alles andere als ruhig bist. Diese Kleinigkeiten nimmt dein Hund wahr. Er liest zwischen den Zeilen und erkennt, dass du nicht das verkörperst, was du versuchst auszustrahlen. Ein gut konditioniertes und sitzendes Signal wird also unter Umständen vom Hund nicht ausgeführt oder eben nur sehr zögerlich. Nicht weil er keine Lust hat oder die Weltherrschaft an sich reißen möchte, sondern weil er irritiert ist. Unser widersprüchliches und unklares Verhalten verunsichert ihn und gegebenenfalls weiß er gar nicht, was wir gerade von ihm erwarten.

Stimmungsübertragung kommt aber auch unter Hunden vor. Hunde besitzen sogenannte Spiegelneuronen. Durch sie können sich Hunde durch Beobachten anderer Lebewesen in deren Verhalten und Gefühle hineinversetzen. Das passiert hier natürlicherweise immer freiwillig und automatisch, ohne Druck und Zwang. Die Übertragung der Stimmung einzelner Gruppenteile ist sogar recht wichtig für Tiere, die in Gruppen leben. Frei lebende Hunde oder Wölfe in Gruppen wittern beispielsweise Gefahr und reißen mit ihrer Stimmung und dem daraus resultierenden Verhalten auch andere Gruppenmitglieder mit, welche sich vielleicht der drohenden Gefahr gar nicht so bewusst waren.

In gewisser Weise ist diese Stimmungsübertragung also ähnlich wie die natürlichen Instinkte und Reflexe überlebenswichtig für Hunde in freier Wildbahn.

Zwei Beispiele dazu aus dem Hundealltag: Man geht mit zwei Hunden spazieren. Es steht ein großer Haufen Sperrmüll an der Straße, der gestern noch nicht da war. Der erste Hund wird skeptisch und ein wenig unsicher. Das erkennt auch der zweite Hund, obwohl dieser sonst nicht ganz so leicht zu beeindrucken oder irritieren ist. Auch er wird unsicher und nähert sich den unbekannten Objekten eher zurückhaltend und skeptisch.

Ein weiteres Beispiel ist das allzeit präsente Thema der Hundebegegnungen. Vielleicht ist unser Hund für seine Verhältnisse relativ entspannt, wenn er einem anderen Hund an der Leine begegnet. Möglicherweise ist sein Gegenüber gar nicht so friedlich gestimmt, zieht ordentlich an der Leine und pöbelt unseren Hund an. Der bekannte Leinenpöbler also. Ist unser Hund in seinem zurückhaltenden Verhalten noch gar nicht so gefestigt, passiert es schnell, dass er sich mitreißen lässt und zurück pöbelt. Ebenso habe ich das aber auch schon umgekehrt erlebt. Ein sich lautstark bemerkbar machender Hund kann sich auch von der ruhigen, friedlichen und entspannten Art seines Kommunikationspartners anstecken lassen und wird selbst ruhiger.

An diesen Situationen erkennt man, was Stimmungsübertragung ausmacht und wie mächtig sie eigentlich ist.

Wie eingangs in diesem Abschnitt beschrieben, kommen und gehen Gefühle unwillkürlich. Wir können aber auch an ihnen festhalten und sie für uns und unseren Hund nutzen, sofern sie positiv sind. Fühlt man in Situationen ähnlich positiv, kann das sogar durch das gemeinsame Erleben bindungsfördernd wirken. Ein Gefühl von Gemeinsamkeit und das Fühlen als Team pusht das gute Gefühl noch einmal mehr. Geteilte Freude ist doppelte Freude.

Viele Menschen halten jedoch eher an negativen Gefühlen und Emotionen fest. Sie lassen sie nicht einfach kommen und wieder weiter ziehen, sondern behalten sie in sich. Das Festhalten an bestimmten Gefühlen wirkt sich auch auf unser Tun und Handeln und somit auch auf das Verhalten unserer Hunde aus. Sind wir angespannt und es hat uns alles an unseren Arbeitstag genervt, nehmen wir das oftmals mit nach Hause. Wir sind so sehr mit uns selbst beschäftigt, dass wir es vergessen, achtsam gegenüber unserem Hund zu sein und unserem eigenen Verhalten bewusst zu sein. Es steht allerdings noch das Training in der Hundeschule an. Man muss sich selbst aufraffen, um überhaupt hinzugehen, aber man will es auch nicht ausfallen lassen. Meistens läuft an diesen Tagen dann auch beim Hundetraining nicht rund. Der Hund scheint dich gar nicht wahrzunehmen, stellt die Ohren auf Durchzug und reagiert zum Beispiel auf Hunde, die er nicht so sehr mag, irgendwie noch extremer und pöbelt ordentlich rum. Das Positive scheint an diesen Tagen nicht auf unserer Seite zu sein. Doch auch hier spielt garantiert die Stimmungsübertragung eine sehr große Rolle. Wir müssen zunächst also lernen, an uns selbst zu arbeiten, bevor wir unserem Hund zu einem guten Verhalten verhelfen können. Besonders Hunde, die kein Vertrauen in Menschen haben, lassen sich sehr schnell mit unserer Stimmung mitreißen. Sie beobachten noch genauer, wie wir uns verhalten und was um sie herum passiert.

Möchten wir, dass unser Hund entspannt ist, sollten auch wir entspannt sein. Sind wir laut und nervös, kann logischerweise auch unser Hund nicht entspannt sein. Hier können wir aber ganz aktiv dazu bei-

tragen, dass beide Seiten entspannt sind. Wir können beispielsweise einmal kurz in uns gehen, die Augen schließen und ruhig durchatmen. Es gibt spezielle Atemübungen, welche zur Entspannung beitragen. Gehen wir selbst also mit einer bestimmten Stimmung in eine Situation mit unserem Vierbeiner, überträgt sich diese ganz leicht auf unsere Hunde. Wir können nicht erwarten, dass unser Hund ruhig und entspannt ist, wenn wir selbst hysterisch sind. Wir können nicht erwarten, dass er friedlich ist, wenn wir selbst aggressiv sind.

Doch gerade an diesen Tagen hilft es, sich ein paar Minuten Zeit zu nehmen, um herunterzufahren und sich wieder auf sich selbst und den Hund zu konzentrieren. Nutze ein paar Minuten, um wieder durchzuatmen. Lasse die negativen Gedanken des Tages hinter dir und gehe einmal eure gemeinsame Aktivität durch.

Brecht ihr beispielsweise gleich üblicherweise zu einem Spaziergang auf, gehe das alles einmal im Kopf durch. Was passiert als nächstes? *Du ziehst deine Schuhe und Jacke an, dein Hund läuft dir schon ganz erwartungsvoll hinterher.*

Du packst ein paar Leckerlis ein, lässt deinen Hund absitzen, um ihn anzuleinen. Du öffnest ganz entspannt die Haustüre und ihr geht los. Wo geht ihr spazieren, wen trefft ihr unterwegs? Du spielst also die ganze Szenerie von vorne bis hinten durch. Schnell merkst du, wie du wieder im Hier und Jetzt angekommen bist und das Negative dominiert deine Gedanken nicht mehr. Auch dein Hund wird es dir danken, denn auch er kann jetzt eine entspannte und schöne Zeit mit dir genießen. Probiere das gern einmal aus und lass dich überraschen, was eine solch kleine Übung bewirken kann für euer Team.

Genauso kann Stimmungsübertragung aber auch umgekehrt funktionieren. Die Stimmung unserer Hunde kann sich auf uns übertragen. Wirkt dein Hund zum Beispiel zu Hause nervös, weil er draußen etwas wahrgenommen hat, bist du bestimmt nicht mehr so ganz entspannt, sondern lässt dich in irgendeiner Form davon mitreißen. Und das, obwohl du gar nicht mitbekommen hast, was gerade draußen vor sich gegangen ist. Stimmungsübertragung ist also auch immer in gewisser Form eine Kommunikation mit Sender und Empfänger.

Mit Sicherheit klappt zum Beispiel die nächste Hundebegegnung nicht direkt perfekt alleine weil man den Wunsch nach einer entspannten und friedlichen Begegnung hat. Malen wir uns diese Situation aber vorher schon bewusst positiv aus, handeln wir am Ende manchmal ganz unbewusst danach und übertragen diese gute Stimmung oder das Vorhaben auf unseren Hund. Das Training klappt mit einer positiven Grundstimmung also meistens schon sehr viel besser, als wenn wir selbst unsicher sind. Die positive Grundstimmung kann uns in diesen Fällen schon sehr gut helfen. Zu diesem Punkt gibt es eine ganz gute Übung. Sie verhilft uns, eine positive Motivation auch für unseren Hund zu nutzen. Es geht hierbei primär um Hundebegegnungen, bei denen wir uns im Normalfall nicht wohlfühlen und angespannt bis aufgeregt sind. Anfangs kann man sie ganz gut als Trockenübung einmal durchspielen:

Wir stellen uns am besten dazu in eine Einfahrt, in den Garten oder den Flur. Dort, wo man ein paar Schritte gehen kann und etwas Platz hat. Dann suchen wir uns ein Objekt aus, welches ein anderes Mensch-Hund-Team darstellt. Das kann ein Blumenkübel sein, ein Stuhl oder was auch immer gerade dort herumsteht. Wir platzieren uns in einigen Metern Entfernung und beginnen mit einer Atem- und Gedankenübung. Wir atmen dazu ein paar Mal bewusst ruhig ein und wieder aus. Das hilft uns, damit wir uns selbst konzentrieren können und ganz bei uns sind. Dabei gehen wir in Gedanken durch, wie wir diese Hundebegegnung meistern möchten. Für den einen fühlt es sich gut an, mit dem Hund zu sprechen und ihn währenddessen am anderen Hund vorbeizulotsen. Beim nächsten Team klappt es vielleicht besser, sich auf ein Ziel hinter dem anderen Team zu konzentrieren und ganz gezielt drauf zuzulaufen. Also wie auch immer es sich für euch am besten anfühlt und wie du es dir in deinen Gedanken ausgemalt hast. Wichtig ist, dass du dabei positive Gedanken hast und motiviert bist, die Situation ohne Probleme zu meistern. Gehe dann so, wie du es dir vorher schon verinnerlicht hast, an dem Objekt vorbei. Gehe auch eventuell einen kleinen Bogen und vergesse nicht, deinen Hund hinterher zu loben. Ihr seid ja schließlich gerade ganz straight und habt entspannt eine »Hundebegegnung« gemeistert, die euer Team doch sonst immer gestresst hat.

Du wirst an dieser Trockenübung schon merken, was eine positive innere Motivation bewirken kann. Du gehst also von Anfang an schon ganz anders in die Situation hinein, das verrät schon deine Körperhaltung. Nutze diesen Schwung für die nächste Hundebegegnung oder auch für andere Objekte, die deinen Hund oder euch beiden nervös werden lassen. Gehe ganz bewusst die ein oder andere Situation vorher durch und atme in dich hinein. Das gute Gefühl wird sich danach auch in der echten Situation auf deinen Hund übertragen. An dem ein oder anderen Punkt wirst du das bestimmt auch schon direkt bei der ersten Begegnung merken. Dein Hund regt sich vielleicht erst später auf, pöbelt weniger intensiv oder ist nach der Begegnung um einiges schneller wieder entspannt – das kommt auf den individuellen Hund an.

Auch zum Beispiel bei einem unsicheren oder ängstlichen Verhalten können wir uns die Stimmungsübertragung zunutze machen. Möchten wir unserem Hund die Angst vor etwas nehmen, wissen wir schon, dass wirklich keine Gefahr für unseren Hund besteht. Ansonsten würden ja auch wir dieser Situation lieber aus dem Weg gehen. In diesen Fällen können wir uns sogar ganz bewusst darauf konzentrieren, unseren Hund bestmöglich durch unser Handeln und unserer Stimmung zu unterstützen. Gehen wir also sicher und gut gestimmt mit unserem Hund in diese Situation, überträgt sich das gerne auch auf unseren Hund. Würden wir selbst auch in Unsicherheit verfallen, bestätigen wir unseren Hund in seinem Verhalten nur noch mehr und die Spirale würde seinen Lauf nehmen.

Ein oft zu beobachtendes Verhalten im häuslichen Umfeld zeigt die Macht der Stimmungsübertragung in voller Pracht:

Es klingelt an der Haustür. Der Hund springt und rennt aufgeregt und fiepend umher. Er ist ungeduldig und will unbedingt wissen, wer denn da vor der Türe steht. Was möchten wir? Wir hätten gern, dass unser Hund geduldig und ruhig wartet, bis der Besuch das Haus betritt. Wir möchten unseren Gast in Ruhe begrüßen können. Doch meistens ist es so, dass der Besitzer in diesen Momenten selbst aufgeregt und ungeduldig ist. Er will den Besuch nicht zu lange draußen warten lassen, gleichzeitig aber einen ruhigen Hund an seiner Seite haben. Also bricht auch der Besitzer in Nervosität aus und steigt damit quasi in das Verhalten des Hundes mit ein. Der Hund wird hier wieder in seinem aufgeregten Verhalten bestätigt und belohnt. Gegenseitig wird die Aufregung immer weiter hoch geschaukelt, bis eigentlich am Ende gar keine Struktur mehr in der Situation ist und der Besuch dann doch aufgeregt durch Hund und Mensch hereingebeten und halbherzig begrüßt wird. Eine chaotische Situation, in der die Stimmungsübertragung ihr übriges tut. Hier hilft es natürlich, schon ein Deckentraining oder ein Entspannungssignal etabliert zu haben. Wie das funktioniert, wird im späteren Abschnitt noch erklärt. Doch als Erste-Hilfe-Maßnahme: Ruhe bewahren und durchatmen. Steige nicht in das Verhalten des Hundes mit ein. Probiere das ruhig einmal aus und beobachte, was es bei euch bewirkt. Weihe einen Gast ein, damit der nicht irritiert vor der Haustüre wartet. Erfülle nicht die Erwartung deines Hundes, sondern bleibe ganz ruhig stehen. Es kann einen Moment dauern, aber dann lässt sich auch dein Hund von der Ruhe anstecken und bleibt entspannter in dieser Situation.

Wir können also negative als auch positive Emotionen auf unsere Hunde übertragen. Die hochsensiblen »Antennen« unserer Vierbeiner macht es uns quasi unmöglich, die Grundgedanken zu verbergen. Lernen unter Stress und negativen Gefühlen ist für die Vierbeiner schlichtweg nicht möglich. Das Lernzentrum im Gehirn ist in stressigen Situationen nicht ansprechbar. Im übrigen hat unter anderem auch durch diesen Hintergrund ein aversives Training, bei dem der Hund unter Dauerstress steht, nichts mit nachhaltigem Lernen zu tun und sollte bei allen Personen, die mit Hunden in Berührung kommen, nicht im Repertoire vorhanden sein. Der Hund reagiert lediglich aus dem Meideverhalten bzw. aus der Angst und Unsicherheit heraus. Gehen wir positiv und mit einem festen Ziel vor Augen ins Training mit unserem besten Freund, lernt der Hund nachhaltig dabei. Er ist motiviert bei der Sache, genau wie wir.

Die Mensch-Hund-Bindung wird wieder gefördert und man hat gemeinsam eine gute Zeit.

Schlechtes Gewissen?

Hundehalter erzählen oft, dass sie so etwas wie ein schlechtes Gewissen an ihrem Hund beobachten. Der Hund war alleine in der Wohnung. Der Besitzer kommt nach einiger Zeit zurück und entdeckt ein zerpflücktes Sofakissen. »Er weiß genau, was er falsch gemacht hat« heißt es, denn er schaut dich demütig mit diesem »Dackelblick« an. Laut einer Studie von Alexandra Horowitz hat dieses Hundeverhalten jedoch nichts mit Schuldbewusstsein oder dem schlechten Gewissen zu tun. In dieser Studie wurde Hundehaltern die Information gegeben, dass ihr Hund in Abwesenheit der Besitzer etwas stibitzt hat. Das stimmte allerdings nicht, der Hund hat nichts Ungewolltes gemacht. Und trotzdem: Als der Besitzer zurückkam, zeigte der Hund das »schlechte Gewissen«. Umgekehrt hat sich dieses »Phänomen« der Stimmungsübertragung übrigens auch bestätigt. Den Besitzern wurde dann mitgeteilt, dass ihr Hund sich vorbildlich verhalten hat und nichts geklaut hat – das stimmte in diesen Fällen jedoch nicht. Diese Hunde haben sich sehr wohl bedient. Sie zeigten jedoch keine Anzeichen von schlechtem Gewissen oder einem schuldigen Blick.

In Wirklichkeit bemerkt unser Hund also sekundenschnell unsere wahren Emotionen. Unsere Gedanken haben einen sehr großen Einfluss auf unser Verhalten. Unfreiwillig verrät unsere Körpersprache, unsere Gestik, Mimik und auch unsere Stimme unser wahres Empfinden. Auch hier übertragen wir also unsere Stimmung auf den Hund und er spiegelt das wider, was wir ausstrahlen.

Einige Hundebesitzer beschäftigen sich selbst auch mit der Frage, ob man als Frauchen oder Herrchen eventuell selbst ein schlechtes Gewissen haben muss. Diese Frage taucht häufig im Zusammenhang mit dem Thema Stimmungsübertragung auf. »Ich fühle mich nicht gut, bin ich jetzt daran schuld, wenn es meinem Hund auch nicht so gut geht?«.

Man fühlt sich dem Hund gegenüber dann schnell schuldig, das kann eigentlich jeder engagierte Hundebesitzer sehr gut nachvollziehen. Plagen uns diese Schuldgefühle, sollten wir noch einmal genauer hinsehen. Häufig spielt unser Gefühl uns einen Streich und wir sehen, was wir erwarten zu sehen. Wir können nicht mehr objektiv beurteilen, ob es dem Hund tatsächlich nicht gut geht. Es lässt sich natürlich nicht vermeiden, dass wir uns an einigen Tagen einfach nicht so gut fühlen und nicht so positiv unterwegs sind wie sonst. Das können gesundheitliche Beschwerden, Stress bei der Arbeit oder eben auch private Probleme sein, die uns beschäftigen. Es geht uns nicht jeden Tag supergut und wir können nicht ausschließlich immer glücklich sein. Aber unserem Hund soll es doch gut gehen, er soll ja von den eigenen Sorgen und negativen Emotionen so wenig wie möglich mitbekommen. Aber die Stimmungsübertragung lässt sich doch eigentlich nicht vermeiden, sodass wir unsere Stimmung auch genauso an unseren Hund spiegeln. Um den Druck ein wenig herauszunehmen: Es liegt immer auch an unseren Hunden, ob und wie intensiv sie sich auf die Stimmungsübertragung einlassen. Wie schon beschrieben, kann ein Hund sich nicht bewusst gegen die Übertragung der Stimmung entscheiden. Der Hund denkt sich also nicht »Heute nehme ich mal die Stimmung meines Menschen lieber nicht an«. Das kennen auch wir Menschen. Achte mal darauf, wenn du nicht besonders gut drauf bist und es kommt eine sehr glückliche Person dazu. Sie strahlt und ist einfach happy. Das steckt uns in diesen Momenten an und auch unsere Stimmung wird besser. Doch auch wir haben uns dafür nicht bewusst entschieden.

Hunde können sich auf emotionaler Ebene abgrenzen, wodurch sich unsere negative Stimmung also nicht automatisch und zwangsläufig auf den Hund überträgt. Das hängt von verschiedenen Faktoren beziehungsweise vom Wesen des Hundes ab. Eigenständige und selbstsichere Hunde, wie zum Beispiel ein Herdenschutzhund, muss sich nicht immer an unsere Emotionen klammern. Er wurde darauf gezüchtet, relativ wenig mit dem Menschen zusammenzuarbeiten und ist daher von Grund auf emotional etwas »stabiler«, was die Stimmungsübertragung angeht. Ein unsicherer oder sensibler Hund hingegen, klammert sich in vielen Alltagssituationen schon häufiger an uns Menschen. Er ist in seinen Emotionen nicht so stabil und lässt sich eher mitreißen.

Das wird ganz gut an einem menschlichen Beispiel verdeutlicht. Ein ängstliches oder unsicheres Kind, welches weint und nach seiner Mama ruft, achtet unbewusst sehr viel mehr auf die Reaktion und die Emotionen der Mutter. Ein mutiges und selbstsicheres Kind, welches gerade was cooles, neues entdeckt, grenzt sich von der Stimmung der Mutter in diesem Moment schon eher ab.

Auch die Tagesstimmung nimmt Einfluss auf die Stimmungsübertragung und inwieweit der Hund gerade überhaupt bereit ist, sich anstecken und motivieren zu lassen. Ist er an diesem Tag in seiner Mitte und lässt sich nicht sonderlich von äußeren Reizen beeinflussen, wird er auch die Stimmung seines Menschen nicht in der Form aufnehmen, wie es vielleicht ein unsicherer, nervöser Hund in dieser Situation macht.

Abschließend ist festzuhalten, dass wir es nicht bewusst beeinflussen können, welche Stimmung unser Hund annimmt. Faktoren wie Charakter, Wesen und die emotionale Stabilität wirken dem entgegen. Unser Hund spiegelt uns nicht 1 : 1 wider, er muss sich also nicht ganz so schlecht fühlen wie wir. Auch hier noch mal der menschliche Vergleich: Hat unser Partner gerade sehr schlechte Laune, kann uns das auch in einer gewissen Form mit herunterziehen. Doch meistens eben nur bis zu einem bestimmten Punkt. Ist man ausgeglichen, wird man nicht vollends mitgezogen. Genauso ist es eben auch bei unserem vierbeinigen Freund. Wir sollten und können versuchen, unseren Hund zu einer positiven Stimmung zu verhelfen und ihm beistehen. Doch auch Hunde können negative Stimmung auch mal ganz gut aushalten. Wir können dem Hund auf seelischer Ebene nicht alles abnehmen. Das ist völlig normal und gehört auch zu einem Hundeleben dazu. Wir versuchen alles, damit es ihm gut geht. Ist er einmal nicht so gut drauf, dann sind unsere Möglichkeiten begrenzt. Wir können ihn aber motivieren und ihn ein bisschen mit uns mitreißen – bis zu einem gewissen Punkt. Beobachte einmal, welche Stimmung du in welcher Form von deinem Hund übernimmst. Auch wir können uns positiv von unserem Hund anstecken lassen. Geht es uns einmal nicht so gut, kann es helfen, sich an die positiven Stimmungsveränderungen zu erinnern. Ein tolles Hilfsmittel dafür ist beispielsweise ein Stimmungstagebuch. Du kannst dort an stimmungsvollen Tagen – sei es positiv oder negativ – aufschreiben, wie ihr euch gegenseitig im Mensch-Hund-Team beeinflusst habt. Wie ist der Tag abgelaufen und wie war eure Stimmung? Schreibe ruhig auf, woran du erkannt hast, dass sich die Stimmung übertragen hat. Notiere, wie du dich gefühlt hast und wie du die Stimmung und Gefühle deines Hundes erkannt hast. Beschreibe, was sich verändert hat. Du wirst merken, dass du wahnsinnig viel über eure ganz persönlichen Stimmungsübertragungen lernen kannst und wie du sie für euch nutzen kannst. Daran kannst du auch eine Menge über eure Bindung erfahren und euch von einer ganz neuen Seite beleuchten. Du lernst automatisch mit sehr viel mehr Achtsamkeit durch euren gemeinsamen Alltag zu gehen.

Harmonie im Alltag

4.

Es gibt so viel zu beachten im Alltag mit deinem Hund. Wie bereits erwähnt, kommuniziert dein Hund den ganzen Tag mit dir. Doch das heißt nicht, dass wir alles andere vergessen müssen, um bloß nichts zu übersehen. Auch heißt das nicht, dass wir damit unseren Hund von allen schwierigen Situation fernhalten können. Das sollten wir auch gar nicht, denn auch an schwierigen Situationen wächst dein Hund und vor allem wachst ihr als Team mit einer ständig enger werdenden Bindung. Es liegt uns am Herzen, den Alltag mit unserem Hund gemeinsam harmonisch und ohne großen negativen Stress meistern zu können. Es sind die vielen Kleinigkeiten, welche sich am Ende zu einem entspannten Miteinander zusammenfügen. Doch was braucht unser Hund? Wie können wir unseren Tag am angenehmsten für uns gestalten

Rituale

Rituale im Alltag helfen, uns zu orientieren. In den ganzen Themen rund um die Erziehung und Meinungen vergessen wir häufig, dass auch der Hund sich auf uns einstellen muss. Wir können ihn dabei unterstützen, indem wir ihm im Alltag so gut wie möglich Sicherheit vermitteln. Rituale im Alltag eigenen sich perfekt, um für unseren Hund verlässlich und in gewisser Weise vorhersehbar zu sein. Außerdem rauben Rituale weniger Energie, denn Hund und Mensch wissen genau, was passiert und was zu tun ist. Sie wirken wie kleine Alltagsanker. Eine gute Kombination aus Struktur und Effizienz also.

Ein menschliches Ritual als Beispiel verdeutlicht das Ganze: Unser Ritual ist es, morgens eine Tasse Kaffee zu trinken, bevor wir zur Arbeit gehen. Das läuft ganz automatisch ab. Wir stehen auf, gehen zur Kaffeemaschine und bereiten uns einen Kaffee zu. Wir denken darüber nach einer Zeit überhaupt nicht mehr nach, sondern tun dies einfach. Doch sind wir extrem unter Zeitdruck und versuchen alles mögliche, um schnell aus dem Haus zu kommen, gibt es dieses Ritual nicht. Erst später bemerken wir, dass etwas fehlt, denn das Kaffeekochen läuft fast unbewusst ab. Es gehört ganz selbstverständlich zum Alltag dazu.

Es braucht allerdings seine Zeit, bis man ein Ritual zusammen mit dem Hund aufgebaut hat und es tief verankert ist. Man muss es oft wiederholen, sodass die Situation ganz selbstverständlich ist und wie das Füttern zum Tag dazu gehört. Diese automatischen Prozesse im Gehirn und im Körper des Hundes kann man mit dem bekannten Pawlowschen Hund vergleichen. Der berühmte Wissenschaftler Iwan Petrowitsch Pawlow benutzte eine Glocke, damit der Hund ein akustisches Signal wahrnehmen konnte. Es passierte erst einmal nichts, denn dieser akustische Reiz wurde von dem Hund als neutral wahrgenommen. Nach dem Glockenton erfolgte die Fütterung und der Hund speichelte aufgrund des Futters. Nach einer gewissen Gewöhnungszeit speichelte der Hund schon allein durch den Glockenton. Das passierte ganz automatisch und ohne, dass dieser das Speicheln

bewusst steuern konnte. Das ist also das Prinzip der klassischen Konditionierung, worauf auch die ritualisierten Abläufe im Alltag erfolgen können. Es ist trotzdem wichtig, dass man diese Abläufe und die Verhaltensmuster immer wieder regelmäßig wiederholt. Zwar verlernt der Hund das Verhalten nicht, wenn man es nicht regelmäßig wiederholt, jedoch läuft dann keine Automatisierung ab.

Halten wir also fest: Rituale müssen, genau wie sämtliche Trainingsübungen, immer wieder gefestigt und wiederholt werden. Es ist ganz unterschiedlich, welche Rituale sich für euch im Alltag eignen. Ein paar Beispiele treffen jedoch wohl auf viele Hunde zu:

- **Bei Hundebegegnungen** reagieren viele Hunde recht angespannt oder gar impulsiv. Hier kannst du für euch ein passendes Ritual aufbauen. Das kann zum Beispiel das Absitzen sein, sobald es zu einer Hundebegegnung kommt und sich die Aufregung bei dir und deinem Hund steigert. Dazu gehe mit deinem Hund wenn möglich ein wenig aus der »heißen Zone« heraus. Gewinnt also ein wenig Abstand zum anderen Mensch-Hund-Team. Du lässt dann deinen Hund auf Signal absitzen und belohnst ihn mit etwas für ihn Besonderem. Im Abschnitt »Was macht meinen Hund glücklich« hast du dir darüber schon einmal Gedanken gemacht. Das können also Streicheleinheiten, verbales Lob, ein Spielzeug oder ein besonders schmackhaftes Leckerli sein. Diese Abfolge führt ihr in diesen Situationen immer wieder durch, sodass ihr daraus nach einer gewissen Zeit ein Ritual aufgebaut habt. Du weißt so genau, was passiert und musst in der sowieso angespannten Situation nicht mehr nach Möglichkeiten suchen, die der Anspannung entgegenwirken. Dein Hund weiß ebenfalls, was auf ihn zukommt, was ihm wiederum Sicherheit gibt. Er kann dir in diesen Momenten voll vertrauen, da du ihm schon mit eurem Ritual einen Lösungsweg bietest. Ist dieses Verhalten ritualisiert, läuft das dann automatisch ab, ohne dass ihr darüber großartig nachdenken müsst. Natürlich kannst du dieses Ritual variieren, es muss kein Absitzen sein. Wichtig ist, dass ihr gemeinsam als Team durch diese Situation geht, voller Verlässlichkeit und Sicherheit.

Das Alleinebleiben löst ebenfalls bei vielen Hunden Nervosität aus. Besonders, wenn die Abfolge am Morgen, wenn man aus dem Haus geht, immer wieder anders ist, kann sich der Hund nicht richtig daran gewöhnen. Er ist sich nicht sicher, was als nächstes passiert und wird noch unsicherer. Ein tolles Ritual kann sein: Du ziehst dir die Schuhe und Jacke und nimmst dir dann noch einen Moment Zeit für deinen Hund. Schon jetzt wird er merken, dass du bald aus dem Haus gehst. Du schnappst dir noch sein Lieblingsspielzeug oder etwas anders spannendes zur Beschäftigung, wie zum Beispiel ein Suchspiel und gehst mit deinem Hund zu seinem Ruheplatz während deiner Abwesenheit. Verbringe noch einen Moment mit deinem Hund gemeinsam, bevor du dich dann auf den Weg machst. An der gleichen Abfolge weiß dein Hund nun, dass du aus dem Haus gehst und er wie gewohnt eine Zeit lang für sich alleine ist. Nach dem Aufbau dieses Rituals gibt ihm das die nötige Ruhe und Gelassenheit, um auch diese Zeit entspannt zu meistern.

Das Baden oder Duschen des Hur Gerade für Hunde, die sich gerne mal in allem möglichen Stinkendem wälzen, ist das unumgänglich und muss sogar relativ oft erfolgen. Auch hierfür eignet sich ein Ritual bestens, sodass dein Hund das ganze Prozedere positiv sieht und sich vielleicht sogar darauf freut. Mache die Zeit zu etwas besonderem, indem du beispielsweise Leberwurst oder Lachspaste am Badewannenrand entlang verteilst. Dein Hund ist dann während des Duschens damit beschäftigt, die Paste abzuschlecken. Das Abschlecken entspannt zusätzlich noch. Hat man das schon einige Male so aufgebaut, kann es passieren, dass dein Hund schon zur Badewanne rennt, wenn er nur das Wasser darin plätschern hört.

- **Das Krallen schneiden** ist nicht unbedingt bei allen Hunden beliebt. Viele Vierbeiner machen schon die Fliege, wenn sie die Krallenschere nur sehen. Doch auch das kann man wunderbar mit einem Ritual positiv verfestigen. Es gibt für Hunde automatische Leckerlispender. Sie müssen auf einen bestimmten Knopf drücken oder einen Hebel betätigen, um den Mechanismus in Gang zu bringen, sodass ein Leckerli herausspringt. Wichtig ist, dass dieses Gerät nur für diesen Zweck zur Verfügung gestellt wird, damit das Ritual aufgebaut werden kann. Man kann es wunderbar mit Trockenübungen langsam aufbauen, der Kontext ist aber der gleiche. Hat der Hund wirklich Spaß an diesem Gerät, kann er schon freudig auf dich zu kommen, wenn du die Krallenschere hervorholst. Dann weiß er ganz genau, was da Tolles passiert und er kann die Angst vor dem Krallen schneiden gewissermaßen ablegen.

- **Die Ohrenpflege** ist ebenfalls für die meisten Hunde ein eher notwendiges Übel. Doch auch diese Prozedur können wir ritualisiert und entspannt einführen. Setze dich dazu mit auf eine Decke auf den Fußboden und lade deinen Hund ein, sich zu dir zu gesellen. Die Tücher, welche du für die Ohrenreinigung benutzt, liegen schon bereit. Lasse deinen Hund ruhig daran schnüffeln, das verhindert die Schreckmomente vor dem unbekannten, suspekten »Ding« für ihn. Biete deinem Hund ruhig ein Kauspielzeug oder ähnliches an, das entspannt und sorgt für ein wenig Ablenkung durch Beschäftigung. Massiere die Ohren deines Hundes und verhelfe ihm damit, sich weiter zu entspannen. Eine ruhige Atmosphäre sollte gleichzeitig auch herrschen, damit kein zusätzlicher Stressor stört. Du kannst dann langsam damit beginnen, die Ohren zu reinigen. Mit diesem ruhigen Ritual nutzt du gleichzeitig noch einmal ganz bewusst eine ruhige Zeit zu zweit mit deinem Hund.

- **Beim Füttern** stürzen sich die meisten Hunde sofort auf den Napf, sobald es angerichtet ist. Hier kann dir auch ein Ritual helfen, damit kein Chaos und wildes umherspringen entsteht, was natürlich ziemlich nervend sein kann. Es gilt, Ruhe ins Geschehen zu bringen. Sofern dein Hund auf Signal entspannt sitzen und liegen kann, nutze dieses Signal auch für die Fütterung. Bringe deinen Hund in die gewünschte Position, während du seine Mahlzeit zubereitest und korrigiere ihn, sobald er doch aufspringt, indem du ihm erneut das Signal gibst. Dein Hund sollte dann so lange in dieser Position warten, bis du den Napf fertig vorbereitet hast und ihn an den Futterplatz gestellt hast. Wartet dein Hund bis hierhin ruhig, gebe ihm das Auflösesignal. Dieses Ritual hat gleich mehrere Vorteile. Ihr bringt damit Ruhe ins Geschehen und trainiert gleichzeitig die Impulskontrolle. Außerdem hast du in diesem Moment die volle Aufmerksamkeit deines Hundes, denn er wartet ja sehnsüchtig auf dein »Go« und seine Belohnung. Dieses Ritual lässt sich außerdem relativ schnell aufbauen, denn das Füttern kommt im Alltag mit am häufigsten vor.

- Für eine **angenehme Nachtruhe** kann ein ritualisiertes zu Bett gehen sorgen. Es verhilft dem Hund dazu, sich auch in sein Bettchen zu legen, statt vielleicht noch einmal in Spiellaune zu verfallen. Schon wenn seine Menschen sich vorbereiten, um zu Bett zu gehen, weist den Hund darauf hin, dass es gleich ruhiger wird. Das ist schon mal ein ungeübtes Ritual, was eher nebenher mitläuft. Um den Tag entspannt ausklingen zu lassen, kann man diese Zeit auch so gestalten. Du kannst dich dazu noch einmal zu deinem Hund ans Bettchen setzen, um noch ein paar Streicheleinheiten zu verteilen. Es stellt sich so schon eine gewisse entspannte Atmosphäre ein. Nach einer Zeit gibt es noch ein kleines Betthupferl für deinen Hund, welches ihm dann sagt »Ende für heute, morgen geht`s weiter«. Auch dieses Ritual kann jeden Tag trainiert werden, bis es dann schon ganz automatisch abläuft. Alles geht seinen üblichen Gang und schon weiß dein Hund, dass gleich Schlafenszeit ist. Dieses Ritual verhilft euch, die Hektik aus dem Tag zu nehmen und einen schönen Tagesabschluss zu finden.

- Auch **ein Morgenritual** kann sich als sehr wichtig für euch und eure Bindung erweisen. Der Tag steckt oft voller Stress und Zeitdruck, es lohnt sich also am Morgen noch ein paar Minuten bewusst die Zeit mit deinem Hund zu genießen. Bevor du aufstehst und deine To-dos abarbeitest, kannst du zum Beispiel noch einmal deinen Hund zu dir rufen. Ein paar Kuscheleinheiten und die Zeit ohne Handy oder sonstige Ablenkungen lässt euch gemeinsam entspannt in den Tag starten. Dieses Morgenritual hat, wie ich finde, Potenzial zu einem Lieblingsritual zu werden.

- **Beim Freilauf** hilft ein bestimmtes Ritual, auch dort ein wenig Struktur und Ruhe hineinzubringen. Es gibt ja meisten in den bekannten Gassirunden bestimmte Stellen, an denen du deinen Hund von der Leine lässt. Natürlich wissen Hunde auch das und sind schon voller Power und wollen am liebsten sofort voll losstarten. Lasse dazu deinen Hund zunächst bei dir absitzen und sich auf dich fokussieren. Macht er das gut, belohne ihn, indem du ihn erst dann ableinst und ihm das Okay gibst, durchzustarten. Du nimmst damit die Anspannung aus der Situation und dein Hund wird dir auch im Freilauf dadurch mehr Aufmerksamkeit schenken. Nach einer gewissen Zeit wird auch das ganz automatisch von deinem Hund angeboten.

Ein Begrüßungsritual zwischen dir und deinem Hund kann bei vielen Hunden die Impulsivität ein Stück weit aus der Begrüßungssituation nehmen. Es kommt natürlich immer auf das Wesen des individuellen Hundes an, daher schaue hier, dass es für euer Team passt. Viele Hunde reagieren mit purer und überschwänglicher Freude, sobald man zurück nach Hause kommt. Als Hundebesitzer muss man sich häufig selbst zurückhalten, um nicht mit einzusteigen. Doch einige Vierbeiner kommen nach der explosiven Freude nur schwer wieder herunter, was für beide Seiten relativ anstrengend werden kann. Das kannst du wunderbar dämpfen, indem du eben nicht mit in die Aufregung einsteigst. Setze dich dazu auf den Boden, lasse deinen Hund zu dir kommen und zeige deine Wiedersehensfreude mit ein paar Streichel- und Krauleinheiten. Nutze ruhig ein paar Minuten, um eure Freude zu teilen und eure Begrüßung zu genießen. Damit dreht der Hund nicht so sehr auf, empfindet die Freude aber genauso intensiv.

Eine Studie aus dem Jahr 2014 von Theresa Rehn zeigt uns, wie wichtig ein solches Ritual sein kann. Demnach schüttet bei einer Begrüßung mit Körperkontakt der Hundekörper das Glücks- und Wohlfühlhormon Oxytocin aus, welches der Gegenspieler zum Stresshormon Cortisol ist und damit zur Entspannung beiträgt. Hunde, welche ignoriert wurden, konnten das Stresshormon Cortisol nur schwer abbauen und es wirkte langanhaltend. Eine lediglich verbale Begrüßung bewirkte zumindest einen leichten Abfall des Cortisolspiegels. Eine freudige und intensive Begrüßung trägt also zu wertvollen Glücksmomenten bei – für beide Seiten. Aber wie gesagt, wie wild die Begrüßung am Ende tatsächlich ausfällt, hängt stark vom Wesen des Hundes ab. Das kannst du als Hundebesitzer wohl am allerbesten beurteilen. Viele Hundetrainer sind immer noch davon überzeugt, man sollte seinen Hund ignorieren, wenn man nach Hause kommt. Spätestens mit dieser Studie ist dieser Mythos widerlegt.

Auch bei Hunden, die zusammen leben, gibt es häufig ähnliche Rituale. Häufig ist zum Beispiel ein ganz bestimmtes Begrüßungsritual zu beobachten. Es werden die Nasen aneinandergeschmiegt oder sich kurz durch das Gesicht geschleckt oder auch ein kleines Spiel eingeläutet. Es bewirkt auch hier wohl einen ähnlichen Hormoncocktail wie bei der Begrüßung zwischen Mensch und Hund.

Wir können also zusammenfassen, dass Rituale im Alltag uns und besonders unserem Hund helfen, sich zurechtzufinden. Eine immer gleiche Abfolge bestimmter Handlungen vermittelt ihm Struktur und Sicherheit. Diese Sicherheit ist besonders für unsichere Hunde mit einer Vergangenheit, welche nicht so positiv verlaufen ist, sehr wichtig und hilfreich. Ein Hund, der sich vor bestimmten Dingen fürchtet, weil er schlechte Erfahrungen gemacht hat, wird sich durch diese kleinen Alltagsanker nach und nach wohler in seiner Haut fühlen. Situationen sind für ihn vorhersehbar, denn durch ritualisiertes Wiederholen hat er die Möglichkeit, sie zu verinnerlichen. Es muss keine Energie mehr aufgewendet und nicht groß darüber nachgedacht werden. Fehlentscheidungen können dadurch vermieden werden.

Doch nicht nur für unsichere Hunde sind ritualisierte Abläufe so hilfreich. Auch nervösen Hunden, die schlecht zur Ruhe kommen können, helfen sie, um viele Situationen entspannter angehen zu können. Wichtig bei allen Ritualen ist, dass sie euch in eurem Alltag helfen. Sie sollten also nicht unter Zwang aufgebaut werden, sondern gerne genutzt werden. Wendet ihr ritualisierte Abläufe an, obwohl sie eigentlich nicht so richtig zu eurem Team passen, stellen sie keine Hilfe dar. Ihr müsst nämlich dann mehr und mehr daran denken und sie schaffen noch mehr Stress. Sie können jedoch den vollgepackten Alltag in einigen Situationen erleichtern und den Stress in gewisser Weise durchbrechen. Schaue also, dass eure Rituale auch wirklich gerne aufgebaut werden und sich für euch angenehm anfühlen, damit sie ein Teil eurer persönlichen Komfortzone werden. Du nimmst damit bei gewissen Entscheidungen das Zepter in die Hand und zeigst damit deinem Hund, dass er dir Vertrauen kann und er keine eigenständigen Überlegungen anstellen muss, sondern deinen Vorschlag annehmen kann. Das gibt euch noch mal einen zusätzlichen Boost für euren Bindungsaufbau, denn ihr agiert so ganz selbstverständlich als Team.

Spielen? Ja gern, aber richtig!

Jeder Hund hat einen mehr oder weniger ausgeprägten Spieltrieb und regelmäßiges miteinander spielen und herumtollen tut ihm gut und stärkt eure Bindung. Verkehrt machen kann man dabei doch eigentlich nichts, sollte man meinen. Doch es gibt fünf Fehler, die Hundehalter vermeiden sollten, damit der Spaß nicht getrübt wird.

Nicht bei der Sache sein:

Wenn du nur mit deinem Hund spielst, weil es eigentlich mal wieder Zeit dafür ist, musst du dich nicht wundern, wenn er schnell die Lust verliert und sich trollt. Er ist sensibel genug, um genau zu merken, dass du nur mit halbem Herzen dabei bist und keine richtige Freude am gemeinsamen Spiel hast. Also konzentriere dich in der Spielzeit nur auf deinen Hund und lass Fernseher und Handy aus, damit er Spass hat und sich ordentlich austoben kann. Oder verschieb das Spiel auf einen Zeitpunkt, an dem es besser passt.

Spielzeug liegen lassen:

Nach dem Spielen solltest du das Spielzeug wieder wegräumen, damit es für deinen Hund immer etwas Interessantes und Besonderes bleibt. Es ist ein wenig wie bei Kindern: Spielsachen, die immer zugänglich und verfügbar sind, verlieren schnell ihren Reiz und werden langweilig!

Das richtige Spielzeug wählen:

Auch Hundespielzeug muss sicher sein. Kleinteile wie Knöpfe oder Glasaugen von Stofftieren sind schnell abgebissen und verschluckt. Auch Plastik- und Tennisbälle können zerbissen und teilweise verschluckt werden. Bei Tennisbällen kommt hinzu, dass häufiges Kauen auf der rauen Oberfläche den Zahnschmelz seines Gebisses dauerhaft beschädigen kann. Generell sollte Hundespielzeug robust, stabil und leicht zu reinigen sein. Stöcke und Steine sind als Apportierspielzeug ungeeignet, sie können zu Rachen- und Gaumenverletzungen führen, verschluckt werden oder die Zähne beschädigen.

Zu lange Spielzeiten:

Spiel lieber öfter am Tag 10 bis 15 Minuten ausgiebig mit deinem Kumpel, statt ihn durch ein stundenlanges Spiel mit wechselnden Gegenständen zu überfordern.

Zu viel Spielzeug:

Dein Hund hat eine ganze Kiste voll Spielzeug und keine Lust, sich damit zu beschäftigen? Hunde sind anfällig für Reizüberflutungen und mehr gestresst als erfreut, wenn du von jedem Einkauf mit einem neuen Teil heimkommst. Maximal 10 unterschiedliche Spielsachen reichen völlig aus.

Tipp:

Sortiere aus, was zu viel ist, leg es für ein paar Monate weg und tausche es dann mit den Spielsachen, die ihr gerade in Gebrauch habt. So sorgst du immer wieder für Überraschungen und die Spielzeit bleibt spannend.

Stress im Hundealltag

Stress gehört in einem gewissen Umfang zu unserem Leben und somit auch zum Leben unseres Hundes. Er kann immer und überall eintreten. Weder der Welpe noch der Senior ist vollständig immun dagegen. Es heißt nicht automatisch, dass Stress das Leben des Hundes negativ beeinflusst. Er ist für die Weiterentwicklung sogar recht wichtig. Er stimuliert die Leistungsfähigkeit, fördert die selbstständige Suche nach Lösungsmöglichkeiten und trägt stabilisierend zur inneren Balance bei. So kann der Hund sich auch auf ein neues Umfeld oder etwas ihm generell Unbekanntes anpassen und damit gut umgehen. Jedoch ist zu beachten, dass sich auch jeglicher Stress immer auf die Kommunikation zwischen uns und unserem Hund auswirkt. Sind wir gestresst, überträgt sich das auf den Hund und umgekehrt – wie im Abschnitt »Stimmungsübertragung« beschrieben. Unsere Ausschüttung von Stresshormonen und Pheromonen werden von unserem Hund wahrgenommen und beeinflussen ihn zusätzlich. Die Stressreaktion des Hundes hängt von mehreren Faktoren ab. Dazu gehören die allgemeine innere Verfassung, die Dauer des Stresses und der Umgang mit Stress. Je nach Situation kann der Stress sich dann eine negative oder positive Qualität erlangen.

Positiver Stress

Wie eingangs angesprochen, muss Stress nicht zwangsläufig negativ behaftet sein. Auch Motivation und Tatendrang können ab einem gewissen Punkt Stress bedeuten. Jedoch wird dieser positiv empfunden. Haben wir Menschen zum Beispiel einen Traumjob gefunden und stehen morgens voller Arbeitseifer, Vorfreude gepaart mit einer langen To-do-Liste auf, bedeutet das zunächst Stress. Doch wir fühlen uns gut dabei, weil wir es gerne tun. Positiver Stress, auch Eustress genannt, kann sich also richtig toll anfühlen, so ist das auch bei unseren Hunden. Ein Hund, der dich gerne auf eine kleine Fahrradtour begleitet, regt sich schon auf, wenn du das Fahrrad herausholst. Er weiß nun, dass er einer seiner Lieblingsaktivität nachgehen kann. Je aufgeregter er ist, desto höher steigt auch der Stresspegel. Er ist dabei glücklich und neben Stresshormonen werden auch Glückshormone ausgeschüttet. Doch auch hier darf man nicht außer Acht lassen, dass dauerhafter positiver Stress schnell in die andere Richtung kippt und es zu negativem Stress kommt. Dies ist der Fall, wenn der Organismus unseres Hundes dauerhaft in Action ist, ein Highlight das nächste jagt und er damit keine Möglichkeit hat, zur Ruhe zu kommen.

Negativer Stress

Stress im negativen Sinne kann die Psyche und auch den Körper des Hundes belasten. Er kann sich nicht mehr an seine Umgebung anpassen und ist überfordert. Ein wichtiger Faktor ist die Dauer des Stresses. Das heißt nicht, dass der Hund über 24 Stunden ohne Unterbrechung den Stressfaktoren ausgesetzt werden muss, damit es zu einer negativen Wirkung kommt. Es können auch die kleinen, immer wiederkehrenden Faktoren im Alltag sein, wie unter anderem:

- viele impulsive und hektische Spiele,
- laute Geräusche im Umfeld, die den Hund immer wieder aufs neue erschrecken oder ihm Angst einjagen,
- der Trubel mit vielen Kindern im Haushalt oder Streit und Anspannung,
- keine artgerechte Auslastung,
- Widersprüche in den Kommunikationsversuchen seiner Bezugspersonen,
- aufgezwungene Hundesportaktivitäten,

- zu viele Umweltreize (Flooding),
- aversive Trainingsmethoden,
- Krankheit / Schmerz,
- eingeschränkte Versorgung sowie
- übermäßiges Sexualverhalten (besonders Rüden während der Pubertät).

All diese einzelnen Stressoren bedeuten in Summe eine Belastung für unsere Hunde. Einzelne einmalig vorkommende Auslöser kann der Hund in der Regel gut bewältigen. Der Stressmechanismus ist dafür ausgelegt und stellt kein großes Problem für den Organismus dar. Hält der Stress jedoch lange an, kann es gefährlich werden. Es kann zu psychischen Problemen und Verhaltensauffälligkeiten, aber auch zu körperlichen Beschwerden wie zum Beispiel Magenproblemen, Allergien, Haut- und Fellproblemen oder Verspannungen und Blockaden kommen. Welpen, welche schon stressige Situationen meistern konnten, werden zukünftig meistens besser mit Stress umgehen können. Wenn Hunde in den ersten Monaten jedoch kaum mit neuen Reizen konfrontiert wurden, sind sie später umso anfälliger für Stress und können damit nicht so gut umgehen. Ein gesundes Selbstbewusstsein und ihre Menschen, die sie in diesen Situationen verständnisvoll und adäquat unterstützen, lassen einen Hund emotional stabiler werden.

Wir möchten natürlich, dass unser Hund sich wohlfühlt. Fühlt er sich also gestresst, ist es dafür überaus sinnvoll, dieses auch zu erkennen. Wir können dadurch auch für weitere Verhaltensweisen unserer Hunde in diesem Kontext nachvollziehen und verstehen. Außerdem möchten wir natürlich wieder klar mit unserem Hund kommunizieren können, was unter Stresseinfluss nur bedingt möglich ist. Jeder Hund geht unterschiedlich mit Stress um und zeigt ihn auch unterschiedlich. Ein paar Anzeichen können Aufschluss darüber geben.

Kratzt sich der Hund vermehrt, kann das seine Strategie zum Stressabbau sein. Natürlicherweise kratzt sich ein Hund auch immer wieder mal, wie wir Menschen eben auch, einfach weil es ihn gerade juckt. Doch kratzt er sich vermehrt und gerade in turbulenteren Situationen kann das sein Ventil sein, um die Anspannung zu regulieren. Bemerkst du also zum Beispiel während des Spaziergangs, dass dein Hund sich immer wieder kratzt, wird er vermutlich gerade nervös und gestresst sein. Die Häufigkeit und die Situationen sind also gute Indizien für den Stresspegel deines Hundes. Oftmals schauen die Hunde in diesen Momenten auch hilfesuchend zu ihren Menschen, nach dem Motto »Hilf mir bitte«. Auch das Winseln wird in dieser Kombination gerne gezeigt. Man sollte darauf natürlich eingehen und den Hund wenn möglich aus der Situation hinaushelfen oder ihm allgemein zu mehr Entspannung verhelfen. Das zeigt dem Hund wiederum, dass er sich auf euch verlassen und euch vertrauen kann. Welche Möglichkeiten sich dazu anbieten, folgt im nächsten Kapitel.

Es kommt oft vor, dass gestresste Hunde in scheinbar harmlosen Situationen eine Überreaktion zeigen. Er erschreckt sich häufig und vor alltäglichen Dingen. Die Abfolge ist jedoch nicht wie im Normalfall »Erschrecken-bewältigen-entspannen«, sondern der Hund ist völlig entsetzt und kann nur sehr schwer wieder herunterfahren. Sieht er einen fremden Hund, ist er rasend vor Aufregung und nicht nur neugierig oder verärgert. Er reagiert also völlig übertrieben, wenn etwas Unvorhersehbares geschieht oder etwas seine Aufmerksamkeit erlangt.

Auch gibt es eine Reihe von eher dezenteren Stressanzeichen. Diese kleinen aber feinen Anzeichen solltest du jedoch trotzdem nicht ignorieren. Sie geben nämlich keinen Aufschluss über den tatsächlichen Stresspegel. Dein Hund kann also auch hochgradig gestresst sein, zeigt dieses aber nicht durch übertrieben Reaktionen und Handlungen.

Es zählen dazu zum Beispiel:

- blinzeln (das zeigen übrigens auch viele Menschen, wenn sie aufgeregt sind. Achte mal darauf),

- häufiges Schnauze Lecken oder exzessive knabbern und lecken an sich selbst oder anderen Hunden und Menschen; das kann eher selten gezeigt werden oder aber auch sehr schnell und häufig.

- Das Schütteln gilt als sicheres Stresszeichen, in diesem Moment schüttelt der Hund seinen Stress quasi ab. Häufig ist das in einem Spiel zu beobachten, wenn das für einen Hund doch nicht so locker gesehen wird wie angenommen.

- Häufiges Gähnen und Strecken in untypischen Situationen – beispielsweise während des Spiels oder beim Anleinen zum Gassigang. Das Gähnen wirkt außerdem angestrengter und nicht wie ein entspannendes Gähnen vor dem Nickerchen.

- Wiederholtes Niesen kann man oft beobachten, wenn sich ein Hund besonders freut (positiver Stress) oder auch während des Spiels um ein wenig Intensität herauszunehmen.

- Eine eingezogene Rute deutet auf Stress oder Unsicherheit hin, auch Angst wird dadurch erkennbar.

- Große Pupillen und aufgerissene Augen gepaart mit zurückgelegten Ohren.

- Das Gesicht wirkt angespannt, es wird schnell und angestrengt gehechelt und gespeichelt; beim Stresshecheln sind manchmal auch kleine Vorwölbungen unter dem Auge erkennbar. Ähnlich wie Tränensäcke bei uns Menschen.

- Zittern und ein aufgekrümmter Rücken.

- Der Gang und der Kopf wirken steif, die Barthaare sind nach außen abgespreizt.

- Pfotenabdrücke sind erkennbar durch Schweißpfoten (meistens beim Tierarzt auf dem Fußboden gut erkennbar).

- Unaufmerksamkeit und Konzentrationsschwäche – es scheint als dringen unsere Kommunikationsversuche gar nicht richtig zum Hund durch. Er scheint neben sich zu stehen und wirkt konfus.

- Hyperaktivität und hektische bis panische Reaktionen und Bewegungen. Lange kann der Hund diesen Zustand nicht aufrechterhalten, irgendwann ist er stark erschöpft und schaltet völlig ab.

- Häufiges koten und urinieren durch hormonelle Auswirkungen des Stress; der Wasserhaushalt ist unausgeglichen und der Hund kann fast nicht anders als sich ständig zu lösen. Wichtig: auf keinen Fall bestrafen! Der Hund kann dafür nichts! Hier muss man auf Ursachenforschung gehen, denn möglicherweise steht der Stress auch in Verbindung mit einer Krankheit, gerade wenn der Hund sich plötzlich auch im Haus löst, obwohl er eigentlich stubenrein ist.

- Magen- und/oder Darmprobleme mit Appetitlosigkeit, Übelkeit, Durchfall, Erbrechen.

- In extremen Fällen können Stereotypien hinzukommen – Zwangshandlungen ohne wirklichen Sinn wie zum Beispiel exzessives Buddeln, monotones Bellen oder das Jagen des eigenen Schwanzes. Auch umgelenkte Zwangshandlungen wie übertriebenes Trinken oder Zerstörungswut können dazu zählen.

- Übermäßiges Schlafen kann bedeuten, dass der Hund keine ausreichende Erholung findet.

- Mögliche Symptome von langanhaltendem Stress sind häufige Infekte, schuppige Haut und stumpfes Fell.

- Übersprungshandlungen werden häufig statt einem bestimmten gewünschten Verhalten gezeigt. Gibst du also zum Beispiel das Signal »Sitz« und springt dich dein Hund stattdessen an, deutet das häufig auf starken Stress hin.

Wir sollten also all diese Anzeichen verstehen und auch realisieren können. Nur so können wir unserem Hund helfen, den Stress zu mindern. Wie gesagt, die Kommunikation und das Zusammenleben im Alltag gestaltet sich mit einem gestressten Hund ziemlich nervenaufreibend und für beide Seiten anstrengend. Stress verhilft uns in keiner Weise zu einem harmonischen Alltag mit unserem Hund. Oft werden Hunde als »Problemhunde« abgestempelt, obwohl sie sich durch einige Aspekte, die wahrscheinlich leicht abzustellen sind, gestresst fühlen. Ihnen wird Ungehorsam unterstellt und oft wird daraufhin mit körperlicher oder sehr gern auch mit mentaler Gewalt »trainiert«. Das alles beschleunigt die Stressspirale nur noch und es werden – wenn überhaupt – nur die offensichtlichen Symptome behandelt, um es dem Menschen angenehmer zu machen. Gehen wir aber mit Empathie, Einfühlungsvermögen und dem nötigen Hintergrundwissen die Sache an, lösen sich viele Probleme schon ganz von allein. Stressoren entfernen und für Entspannung und Sicherheit sorgen sind oftmals schon die Methoden der Wahl. Lässt man sich zu 100 % auf den Hund ein, reflektieren wir unser eigenes Verhalten und unseren Standpunkt und schauen uns das Hundeleben einmal ganz objektiv an, kommt es deutlich weniger zu Problemen durch

Stress. Ein bestimmtes Maß an Stress kann man jedoch nicht immer vermeiden, wie eingangs bereits beschrieben. Verhelfen wir unserem Hund also, besser mit Stress umgehen zu können und zu mehr Entspannung und Ausgeglichenheit. Das fördert die Kommunikation und hilft, Gelerntes und Neues zu verarbeiten und zu speichern. Somit wirkt sich die Sicherheit und Entspannung nicht nur auf die akute Situation aus, sondern mittel- und langfristig auf das zukünftige Zusammenleben als harmonischen Mensch-Hund-Team.

Von Stress und Anspannung zu mehr Entspannung im Alltag

Ruhepausen sind gerade für grundnervöse oder gestresste Hunde im Alltag extrem wichtig, wie wir schon erfahren haben. Sie sind gefühlt immer auf der Hut, aktiv und wollen immer und überall dabei und mitten drin sein. Doch diese Hunde können sich selbst nicht so richtig herunterfahren und brauchen unsere Unterstützung, damit die innere Balance wieder hergestellt werden kann. Übermüdete Hunde sind schneller gereizt und nur mäßig aufnahmefähig. Weniger ist also mehr, denn für viele Schwierigkeiten im Zusammenleben als Mensch-Hund-Team ist schlicht und einfach die fehlende Ruhe schuld. Das kennen wir doch auch, wenn wir viel zu wenig geschlafen haben, oder? Zu wenige Verschnaufpausen wirken sich außerdem auch körperlich aus. Es kann zu Verspannungen und Blockaden kommen und auch das Immunsystem leidet darunter. Der Körper ist ständig auf Hochtouren und kann sich nicht ausreichend regenerieren. In Zeiten von hektischen Tagen und dem Überangebot an Hundesportarten etc. sollten wir der Ruhe also besondere Beachtung schenken.

Einige Hunde müssen wir also immer wieder einladen und sie daran erinnern, einen Gang herunterzuschalten. Oft sind sie sogar sehr dankbar dafür und nehmen unsere Hilfe gerne an. Stress und Anspannung sind nicht sofort ausgeschaltet, sobald man den Stressor entfernt hat. Der Körper braucht eine Weile, um den Organismus wieder ins Gleichgewicht zu bringen. Ruhe bedeutet in diesem Kontext, dem Hund genug Zeit mit so wenigen stressauslösenden Reizen wie möglich zu bieten. Es gibt ein paar Möglichkeiten, aktiv zur Entspannung unseres Hundes beizutragen. Eine Grundvoraussetzung ist, dass der Hund ausgelastet ist und seine Notdurft verrichtet hat. Mit einer Menge aufgestauter Energie oder wenn die Blase drückt, ist es auch für einen Hund kaum möglich, richtig zu entspannen. Passende Auslastungsmöglichkeiten werden im späteren Abschnitt noch näher beleuchtet.

Das Ruhebedürfnis eines jeden Hundes hängt natürlich vom Wesen, seiner Rasse und auch seines Alters ab. Doch Ruhe benötigt jeder Hund. Im Durchschnitt ruhen ausgeglichene Hunde zwischen 15 und 20 Stunden täglich. Der Ruheplatz nimmt damit eine große Bedeutung an. Damit der Hund tatsächlich auch die Möglichkeit hat, sich auszuruhen, kann man ihm dazu gerne mehrere Liegeplätze bieten. So kann er immer frei entscheiden, wo er am liebsten entspannen möchte. Es gibt Tage, da möchte der Hund sich gerne etwas mehr zurückziehen und nicht ständig gestört werden. Dann gibt es wiederum Tage, an denen möchte der Hund dann doch ein bisschen näher am Geschehen sein. Eins sollten die Plätze jedoch gemeinsam haben: Sie sollten nicht »mittendrin« platziert werden. Ein Plätzchen direkt an der viel frequentierten Haustür oder unter einer Treppe, die den ganzen Tag viel genutzt wird, wäre zum Entspannen eher kontraproduktiv. Es würde sich zum Beispiel ein Liegeplatz in der Nähe des Bettes oder neben der Couch eignen. Hier kommen seine Menschen auch zur Ruhe und es herrscht demnach eine Atmosphäre der Entspannung. Die selbstständige Auswahlmöglichkeit fördert ganz nebenbei auch wieder das Selbstvertrauen des Hundes, denn er kann frei wählen.

Von Vorteil ist es, ihm dazu auch eine **Ruheoase** bereitzustellen. Das ist ein Platz, an den er sich immer zurückziehen kann, wenn es ihm gerade etwas viel wird. Wenn beispielsweise viel Besuch in der Wohnung ist, kann er sich selbstständig dort abschirmen. Er kann hier schlafen und ruhen und einfach bei sich selbst sein. Wichtig bei diesem besonderen Platz ist, dass der Hund auch tatsächlich in Ruhe gelassen wird. Er wird dort nicht angesprochen, gestreichelt oder gar geweckt. Er wird hier nicht gestört. Auch die Kinder des Haushaltes sollten das respektieren und sich nicht gerade dort mit dem Hund beschäftigen. Natürlich bemerkt der Hund das nach einer Zeit auch und wird diesen Platz immer auch als »Signal« aufsuchen, dass er in diesem Moment für sich sein möchte.

Neben Hundebettchen und Decken eignen sich **Hundeboxen** als Ruheoase wirklich gut. Vielen Hunden gibt eine Box als Rückzugsmöglichkeit ein Gefühl der Sicherheit und Geborgenheit. Sie wirken höhlenartig und werden oft besonders gern von eher unsicheren Hunden aufgesucht. Eine Box kann wunderbar als Tool unterstützend im Alltag oder in hektischen Situationen verwendet werden.

Bei der Auswahl einer Hundebox sollte man sich darüber Gedanken machen, welchen Zweck sie erfüllen soll. Klar, sie soll als Rückzugsort genutzt werden können. Ist man hin und wieder mit dem Hund unterwegs und man möchte die Box dann auch dorthin mitnehmen, sollte die Wahl eine Box zum Zusammenklappen sein. Sie kann flexibel an verschiedenen Orten eingesetzt werden und auch als sicheres Transportmittel dienen. So hat der Hund auch immer etwas Vertrautes dabei. Damit wird am Ende auch das Autofahren für den Hund angenehmer, sofern er sich in der Box wohlfühlt. Es gibt aber auch große, feste Boxen, welche sich bestens als fester Platz in der Wohnung eignen. Die Box sollte auf jeden Fall standfest und stabil sein. Klappert eine Hundebox, kann das den Hund natürlich wieder in seiner Ruhe stören oder er geht am Ende ungern hinein. Das möchten wir vermeiden.

Wichtig für die Nutzung einer Hundebox ist, dass man im Vorfeld ein Boxentraining integriert, denn manchmal wirkt eine Hundebox etwas gruselig für einige Hunde, wenn sie diese noch nicht kennengelernt haben. Schicke also nicht deinen Hund dort hinein und schließe womöglich noch die Tür. Hier ist die Chance extrem hoch, dass der Hund die Box negativ verknüpft und zukünftig meidet. Die Box soll durchweg positiv behaftet sein und als ein echtes »Sahnehäubchen« im Alltag gelten. Dazu einige Tipps, um dem Hund die Box so toll wie möglich anzubieten:

- Er darf das neue Objekt zunächst selbstständig erkunden. Ohne Leine, ohne Druck.
- Füttere den Hund in der Nähe der Box. Falls er sich schon recht gut mit der Hundebox angefreundet hat, gerne auch in der Box.
- Mache die Box spannend und interessant, indem du ihn dort ein paar Leckerchen suchen lässt oder sein liebstes Kauspielzeug oder einen tollen Kausnack in der »Höhle« platzierst. Damit wird der Hund motiviert, schon etwas länger in der Box zu verweilen. Selbstverständlich darf der Hund die Box jederzeit wieder verlassen.
- Gerade wenn die Box auch geschlossen genutzt werden soll (zum Beispiel im Auto), trainiere auch die Entspannung mit geschlossener Tür. Setze dich dazu neben die Box und lade deinen Hund ein, sich in die Box zu legen, um zu entspannen. Biete ihm auch dazu wieder gern ein Kauspielzeug wie beispielsweise einen Kong oder einen Toppl an. Ist dein Hund entspannt, schließe die Tür nach und nach ein Stückchen mehr, jedoch am Anfang noch nicht komplett. So könnte der Hund immer noch selbstständig hinausgehen und fühlt sich nicht direkt eingesperrt. Bleibe für diese Zeit auch immer noch neben der Box. Würdest du sie zu machen und weggehen, wäre höchst wahrscheinlich eine negative Verknüpfung da. Er merkt sich: Box wird geschlossen, mein Mensch geht weg. Erst wenn dein Hund die Zeit in der Box wirklich genießt, kannst du die Box für einen Moment schließen. Klappt auch das gut und dein Hund ist weiterhin entspannt, kannst du dich Stück für Stück von der Box entfernen. Jedoch im-

mer nur so weit, wie es für deinen Hund immer noch entspannt ist. Du kannst die Distanz und die Zeit dann nach und nach ausbauen, je nachdem, wie es für deinen Hund angenehm ist und er nicht in einen Stresszustand verfällt.

- Habt ihr nun also erreicht, dass die Box gerne aufgesucht und für den Hund ausschließlich positiv wahrgenommen wird, könnt ihr sie immer wieder im Alltag nutzen.

Einige Hunde halten jedoch nicht ganz so viel von Decken, Kissen, Boxen oder Hundebetten. Sie bevorzugen harte Liegeflächen direkt auf dem Fußboden. Dabei sollten wir es belassen und ihn nicht dazu drängen, sich einen weicheren Platz zu suchen. Es scheint ihm dort zu gefallen und das sollten wir respektieren.

Entspannungstraining

Wir können mit unserem Hund wunderbar ein Entspannungssignal im Alltag trainieren. Das Entspannen auf Signal holt deinen Hund aus seiner aufgeregten Stimmung ab und ist nahezu für jeden Hund geeignet.

Zum einen kannst du deinem Hund die Ruhe und Entspannung in zufälligen Situationen näherbringen, als eine Art »freies Formen/ free shaping«. Lobe deinen Hund dazu immer, wenn er entspannt. Er muss dafür nicht einmal unbedingt auf seinem Liegeplatz verweilen. Bei besonders aktiven Hunden reicht es schon, wenn er einfach entspannt dasteht. Denn das ist immerhin näher am Entspannen als wildes Herumgetobe. Also: Steht er entspannt dort, lobe ihn. Der Anfang ist hiermit schon einmal gemacht und dein Hund erkennt, dass das Entspannen gerne von dir gesehen oder erwünscht ist.

Als kleine »Trainingseinheit« kannst du das Entspannungssignal immer wieder an deinen Hund herantragen. Vermeide für diese Einheiten, dass eine unruhige Atmosphäre herrscht. Du solltest dafür selbst entspannt sein (siehe Stimmungsübertragung) und für den Anfang vermeide mögliche Störfaktoren, die wieder Unruhe in das Geschehen bringen. Das Handy bleibt am besten außer Reichweite und es läuft kein Fernseher und kein Radio. Perfekt wäre es sogar, wenn auch die Türklingel ausgeschaltet ist, damit ihr wirklich einmal ungestört seid. Setze dich dann an den Liegeplatz deines Hundes oder lade ihn (wenn gewünscht) zu dir auf die Couch ein. Möchte er deine Einladung zum gemeinsamen Entspannen nicht annehmen und möchte er in diesem Moment keinen Körperkontakt, akzeptiere das und lasse ihn gehen. Einige Hunde benötigen auch einfach Zeit, um diesen recht engen Körperkontakt zuzulassen und genießen zu können. Dein Hund bestimmt das Tempo, gewähre ihm also seine nötige Zeit. Diese Übung erfordert Geduld und Zeit. Doch auch hier gilt »der Weg ist das Ziel«. Eine wunderbare, sehr intensive Zeit also für euch als Team. Genieße das und sei dir dessen bewusst.

Das muss ohne Druck oder Zwang trainiert werden, denn sonst erreichen wir wieder das Gegenteil von dem, was wir eigentlich bewirken möchten. Empfindet dein Hund den Körperkontakt mit dir als angenehm, beginne ihn zu massieren. Wichtig sind hier weiche, langsame und zusammenhängende Bewegungen. Stelle dir dazu ruhig einmal vor, welche Massage für dich als entspannend empfunden werden würde. Abgehackte oder hektische Bewegungen würden wohl auch für dich nicht so richtig zur Entspannung beitragen. Massiere deinen Hund dort, wo er das am meisten genießt. Das kann der Nackenbereich und die Ohren sein oder die Brust. Viele Hunde lieben es auch, in Richtung der Lendenwirbel und am Rutenansatz massiert zu werden. Du wirst schnell merken, was für deinen Hund am angenehmsten ist. Seine Atmung wird ruhig, er schließt die Augen und vielleicht drückt er seine Zufriedenheit auch mit einem langen Seufzer aus.

Um ein Entspannungssignal mit in diese Übung hineinzubringen, ist der richtige Zeitpunkt wichtig. Du solltest also den Moment kennen und erkennen, wann dein Hund in die Entspannung übergeht. Also schenke auch dir selbst die nötige Zeit dafür. Kannst du das Timing noch nicht sicher erkennen, belasse es bei der Massage ohne Signal und nutze es zunächst lediglich als Ritual. Wenn du also den Zeitpunkt des Entspannens deines Hundes erkennst, lasse ein Signal mit einfließen. Wähle am besten ein Signal, welches du ansonsten nicht so häufig verwendest, wie zum Beispiel »easy« oder »chill«. Das Signal kann aber auch aus einem Satz bestehen wie beispielsweise »Schlaf gut, Buddy« oder »calm down und mache es dir gemütlich« – also alles mögliche, was dir dazu so einfällt. Deine Stimme sollte dem angepasst sein – ruhig und langsam, ohne hoch frequentierte Töne. Eine hohe Stimme wirkt auf deinen Hund eher motivierend und auffordernd. Eine tiefere Stimme hingegen wirkt beruhigend und entschleunigend.

Nach einiger Zeit verknüpft dein Hund dieses Entspannungssignal auch als solches. Dann kannst du damit beginnen, deinen Hund aktiv zur Entspannung einzuladen und ihn mit diesem Signal dorthin zu geleiten. Er kennt dann die Bedeutung dazu und weiß »jetzt kommt meine Ruhezeit«. Übrigens lässt sich das Ganze auch noch weiter ausbauen, um es zu eurer Zweisamkeit für Psyche und Geist werden zu lassen. Je nachdem, wie du und dein Hund sich wohlfühlen, kannst du ein wenig mit Lavendelduft arbeiten, ein bestimmtes Licht einbringen und alles, was euch guttut. Schlussendlich ist also die

Entspannungszeit nicht nur für deinen Hund ein super Alltagstool, sondern sie entschleunigt auch dich im straff geplanten Alltag. Euer Cortisollevel wird verdrängt vom Oxytocin – dem Kuschel- und Entspannungshormon. Qualitytime!

Hast du das Signal schon erfolgreich zu Hause etabliert, kannst du dieses auch in einem anderen Kontext anwenden. Trainiere es zunächst in einer anderen Umgebung in eurer Wohnung und steigere es dann, indem du in der Natur das Entspannungssignal einbringst. Am Anfang eignet sich dafür ein ruhiger, reizarmer Ort in der Natur, an dem ihr euch beide wohlfühlt und nicht besonders aufgeregt oder nervös seid. Klappt auch das gut, kommt der »Profikontext«. Trainiere aktiv die Entspannung in reizstarken Umgebungen. Beginne gerne damit, wenn Passanten oder ähnliches in der Nähe sind und steigere es bis zu Hundebegegnungen. Signalisiere ihm, dass er sich nicht aufregen muss, schon bevor er den Reiz tatsächlich wahrgenommen hat und er darauf reagiert. Du nimmst dem Stress damit quasi schon vorher den Wind aus den Segeln.

Du merkst also, dass Entspannungssignal ist nicht nur als Ruhezeit zu Hause geeignet, sondern kann euch tatsächlich auch in schwierigeren Situationen draußen eine wertvolle Unterstützung sein. Achte immer darauf, dass es nicht zu schwierig für deinen Hund ist. Das Gefühl »Entspannung« soll immer erhalten bleiben. Ist das nicht der Fall, gehe wieder einen Schritt zurück und verfestige das Signal noch mal, indem du die Entspannungsübungen erneut mit deinem Hund in reizärmeren Umgebungen übst. Gebe deinem Hund also auch in diesem Kontext seine Zeit. Im Übrigen wartet diese intensive »Qualitytime« in Form von Wellness für Psyche, Körper und Geist darauf, von eurem Team als Ritual in den Alltag integriert zu werden.

Artgerechte Auslastung

Um entspannen zu können, gehört neben einem Ruheplatz mit Wohlfühlfaktor und den Entspannungsübungen, die richtige Auslastung zum Hundeleben dazu. Nicht zuletzt durch die Fülle an Hundesportangeboten fühlen sich viele Hundebesitzer in gewisser Weise unter Druck gesetzt. Da fragt man sich schon manchmal, wie die Hunde denn früher zurechtgekommen sind. In den Zeiten ohne diese vielen Angebote und Empfehlungen. Da muss man dazu sagen, dass Hunde früher meistens zu einem bestimmten (Arbeits-) Zweck gehalten wurden. Sie sollten die Schafe zusammentreiben, Haus und Hof bewachen oder wurden als Jagdhund eingesetzt. Die Hunde hatten somit Aufgaben und wurden durch sie automatisch auch ausgelastet.

Heute ist das seltener der Fall. Hunde werden oft nicht mehr entsprechend ihrer Zucht und Fähigkeiten für die Arbeit eingesetzt, sondern leben als Familienhund ohne bestimmte Arbeitsaufgabe mit uns im Haus. Seien wir mal ganz ehrlich: Hunde müssen heutzutage wirklich viel mitmachen. Sie werden dauerbeschallt, haben eine durch getaktete Woche mit vollem Stundenplan in der Hundeschule, sie sind extrem vielen Umweltreizen ausgesetzt und sie werden in Großstädten mit viel Verkehr und wenig Ruhe gehalten. Es wird viel geübt, die Leinenführigkeit verbessert, Tricks einstudiert oder den Grundgehorsam trainiert. Es ist also sinnvoll, unsere Hunde psychisch und physisch fit zu halten und artgerecht zu beschäftigen. Doch: Wir dürfen es nicht übertreiben!

Die Balance zwischen Beschäftigung und Ruhe muss individuell für jeden Hund gefunden werden. Weder sollten wir unseren Hund komplett ausschließen, um ihn nicht zu überfordern, noch sollten wir ihn 24 Stunden beschäftigen, animieren und auf ihn einreden. Beides würde auf kurz oder lang wieder in die Stressspirale führen. Lasten wir unseren Hund also artgerecht und sinnvoll aus. Artgerechte Auslastung sollte aus einer Mischung aus kognitiver Arbeit (Kopfarbeit) und physischer Arbeit bestehen.

Denkt man an das Thema »Auslastung des Hundes«, verbindet man das im ersten Augenblick sicher eher mit Aktivitäten in der Natur, dem »auspowern«. Doch schon bei der Fütterung fängt es an und wir können selbst hier schon für eine artgerechte Beschäftigung sorgen.

Wölfe und auch weitestgehend frei lebende Hunde ernähren sich von vielen unterschiedlichen Komponenten. Ein Wolf greift gerne auch auf Beeren oder anderen pflanzliche Bestandteile zurück, wenn gerade kein großes Tier zum Erlegen in Reichweite ist oder ihnen einfach der Sinn danach steht. Sie vertrauen dabei auf ihr ganz natürliches Körpergefühl und holen sich das aus der Natur, was ihr Körper neben Fleisch gerade braucht. Frei lebende Hunde ernähren sich hauptsächlich von menschlichen Abfällen. Sie bedienen sich an dem, was wir Menschen übrig gelassen haben. Sie fischen sich das richtige und schmackhafteste für sich heraus. Die Nahrungsbeschaffung ist also zwar etwas anders als beim Wolf, doch eins haben beide gemeinsam: Sie müssen sich mit der Nahrungsbeschaffung und auch mit deren Bearbeitung beschäftigen. Es wird zerlegt, zerrupft, zerkaut und alles in mundgerechte Stücke gebracht.

Wir können dieses Vorgehen ganz einfach für unseren Hund in den Alltag integrieren. Neben »Artgerecht« trägt es dann das Siegel »Spannung und Spaß«. Zwar ist es natürlich nicht dasselbe, aber wir können es so gut wie möglich nachgestalten:

- Lasse deinen Hund für einen Teil seines Futters arbeiten. Verstecke kleine Portionen im Haus oder im Garten und lasse deinen Hund das Futter selbstständig suchen. Für den Anfang ist es vielleicht hilfreich, das Futter vor seinen Augen in einem Raum zu verteilen. Danach kann es an verschiedenen Orten und Winkeln im Haus und Garten oder aber auch in der Natur versteckt werden. Der Kreativität sind keine Grenzen gesetzt. Baue dabei gerne das Signal »Such« als Startschuss ein. Du erreichst damit, dass sich dein Hund auch tatsächlich auf die Futtersuche kon-

zentriert und nicht alles mögliche aufnimmt. Gerade für sehr aufgeweckte Hunde bietet es sich außerdem an, Futterelemente unter verschiedenen Bechern auf dem Fußboden zu verteilen. Er muss sich zunächst etwas gedulden, bis wir ihm wieder das »Go« geben. Danach kann er sich voll und ganz auf seine Nase konzentrieren, um den richtigen Becher zu erwischen. Ebenso lässt sich wunderbar mit einem Schnüffelteppich arbeiten. Ein Schnüffelteppich besteht aus vielen kleinen Stofffetzen, in denen sich vorzugsweise trockene Leckerchen verstecken lassen. Auch hier kann dein Hund seine Belohnung wieder selbst erarbeiten. Der Vorteil bei diesen Möglichkeiten ist, dass der Hund nicht zu sehr in seiner Aufregung hochfährt und eher mit Ruhe arbeitet. Wir haben damit eine Art Jagd oder eben die Futterbeschaffung auf der Straße nachgestellt. Dein Hund muss hierbei seine Nase einsetzen und hat Spaß dabei, für seine Nahrung zu arbeiten.

- Gewähre deinem Hund die Möglichkeit, seine Nahrung zu »zerlegen«, denn auch das gehört in freier Wildbahn zur eigenständigen Ernährung dazu. Es gibt dazu perfekt geeignete Hundespielzeuge wie zum Beispiel Futterbälle, Naturkautschuk-Knochen mit Futteröffnungen oder Anti-Schling-Näpfe. Man kann dort Trockenfutter, Pasten, Nassfutter und alles mögliche darin platzieren. Dein Hund kommt dann nicht ganz so einfach an sein Futter, als wenn er den fertigen Napf vorgesetzt bekommt. Er muss hierzu eine eigene Strategie entwickeln, um an sein Futter zu kommen. Er kann kauen, lecken, rupfen, lutschen und auch seine Pfoten als Hilfe dafür einsetzen.

Ein weiterer Tipp: Man sehr viele einfache Gegenstände aus dem Haushalt verwenden, um noch mehr Abwechslung bei der Zerlegung zu bieten. Es eignen sich zum Beispiel Eierkartons mit in Papier verpackten Futterteilen oder Papprollen von den Küchentüchern. Das Futter kann man mal mehr, mal weniger noch mehr verpacken. So bleibt die Spannung erhalten und auch das Schwierigkeitslevel variiert. Bitte mache es deinem Hund aber gerade zu Beginn nicht allzu schwierig. Er soll zwar ein wenig ausprobieren und eine Lösung erarbeiten, Frustration soll jedoch vermieden werden und damit auch

Stress. Vorteil ist beim Zerlegen seiner »Beute«, dass dein Hund selbst kreativ werden muss, um an sein Ziel zu kommen. Hat er eine Lösung gefunden, wird er mit seinem »zerlegten« Futter belohnt. Durch Kopfarbeit wird dein Hund damit gefördert und gefordert. Stress kann durch kauen und zerlegen abgebaut werden und der Hund gewinnt an Selbstvertrauen. Er hat schließlich ganz alleine sein Futter zerlegt und damit auch Erfolg gehabt.

Besonders im Sommer lässt sich ein Hund gerne auf ein kleines Hundeeis ein. Du kannst dafür beispielsweise eine Mischung aus Quark und Leberwurst samt Spielzeug einfrieren. Durch die gefrorene Paste hat dein Hund damit noch mehr Beschäftigung und gleichzeitig ist es angenehm kühl bei heißen Temperaturen und die körperliche Bewegung dadurch etwas eingeschränkt wird.

- Gib deinem Hund regelmäßig Kausnacks. Kauen baut Stress ab und es schmeckt auch noch gut. Es eignen sich beispielsweise Knochen (eventuell sogar mit ein paar Fleischresten daran) oder auch Dinge wie Kaninchenohren. Auch hier kann dein Hund wieder zerlegen und hat Erfolg damit. Viele Hunde verstecken diese Kausnacks auch im Garten und holen es immer mal wieder hervor (Futtersuche und Futterzerlegung) und simulieren aus eigenen Stücken ihre »Jagd«.

Vielleicht hast auch du die Erfahrung schon bei dir selbst gemacht oder auch bei deinem Hund beobachten können. Wenn man ordentlich Kopfarbeit leistet, ist man nach einiger Zeit davon richtig ermüdet. Gerade um Ruhe in den Alltag mit Hund hineinzubringen, eignen sich Auslastungsmöglichkeiten auf mentaler Ebene hervorragend. Hunde können durch diese Weise auf zufriedener und ruhiger Art gefordert und ausgelastet werden. Es muss also nicht immer die volle Action sein. Schon ein paar Minuten konzentrierte Arbeit mit dem Köpfchen fordern deinen Hund. Passende Übungen kannst du perfekt in den Alltag mit deinem Hund integrieren.

Nasenarbeit:

Wie im vorherigen Abschnitt »Fütterung« schon beschrieben, bietet ein Schnüffelteppich oder die Futtersuche eine gute Auslastungsmöglichkeit mit Belohnungsgarantie. Du kannst deinen Hund aktiv dabei fordern und die Übungen auf kreative Weise nach Herzenslust ausbauen – ganz nach Lust und Laune deines Hundes.

Eine weitere Variante bieten Bäume, Sträucher, Zäune und alles was ihr in eurem Garten oder auf dem gemeinsamen Gassigang findet. Man kann dort wunderbar das Spielzeug des Hundes verstecken. Meistens suchen Hunde zunächst auf dem Fußboden, doch auf die Idee zu kommen, auch an höher gelegenen Bereichen zu suchen, kommen sie oft nicht direkt. Diese Verstecke bringen noch mal ein wenig mehr Pep in die Suche. Du kannst auch deinem Hund aktiv bei der Suche »helfen«, was natürlich super für eure Mensch-Hund-Bindung ist.

Beim Spaziergang mit deinem Hund kannst du auch eine ganz spezielle Übung mit einbauen, um ihn in die Spurensuche eintauchen zu lassen. Dafür sollte euch eine weitere Person begleiten. Dein Hund ist bestenfalls mit Geschirr und Schleppleine ausgestattet. Die zweite Person zaubert nun eines der liebsten Spielzeuge oder was auch immer dein Hund toll findet hervor. Somit liegt die Aufmerksamkeit deines Hundes schon mal bei dieser Person. Lasse deinen Hund dann absitzen und warten. Die zweite Person läuft ein wenig voraus und versteckt sich dann beispielsweise hinter einem Baum oder was auch immer die Umgebung dazu bietet. Auf dein Signal hin darf dein Hund nun die Spur verfolgen und die Person aufspüren. Als Belohnung gibt es dann selbstverständlich das Spielzeug.

Die Spurensuche kannst du auch immer weiter ausbauen und an verschiedenen Orten und Umgebungen mit deinem Hund ausprobieren. Auch der Schwierigkeitsgrad kann variiert werden, sodass es nie langweilig wird.

Dein Hund ist bei diesen Suchspielen hoch konzentriert und wird damit richtig gefordert. Sie verlangen außerdem eine gewisse mentale Ausdauer, welche so konstant immer weiter trainiert werden kann. Eine angenehme mentale Auslastungsmöglichkeit für den Alltag.

Neue Orte:

Erkunde immer wieder zusammen mit deinem Hund neue Orte und andere Umgebungen. Es kommen dadurch ständig neue Reize auf deinen Hund zu. Lasse ihn ganz in Ruhe schnüffeln und sich umsehen. Die vielen neuen Eindrücke und Reize muss dein Hund danach immer auch verarbeiten. Daher ist ein ganz einfacher Ortswechsel oft eine der einfachsten Methoden, deinen Hund natürlich und ohne viel Aufwand auszulasten. Der Ortswechsel fördert dazu noch die Anpassungsfähigkeit mit neuen Situationen umzugehen. Nach und nach wird er dann auch an für ihn unbekannten Umgebungen selbstsicherer.

Lasse deinen Hund Lösungen erarbeiten:

Fördere das Selbstvertrauen und die Konzentration deines Hundes, indem du ihm selbstständig Lösungsstrategien erarbeiten lässt. Eine gute Übung dafür ist die »Angelübung«. Du lässt deinen Hund zunächst dabei zuschauen, wie du beispielsweise ein Stückchen Käse an einer Schnur befestigst. Dann platzierst du den Leckerbissen an eine Stelle, an die der Hund nicht herankommen kann. Das kann zum Beispiel unter dem Sofa sein oder in einem schmalen Kunststoffrohr sein. Die Schnur zum Leckerbissen legst du dann so aus, dass dein Hund mit ihr arbeiten kann. Nun kannst du deinen Hund kreativ werden lassen. Er muss selbstständig eine Taktik herausfinden, wie er nun am besten an das Leckerchen herankommt. Lasse ihn wenn möglich ganz selbstständig am Erfolg arbeiten. Möglicherweise weiß dein Hund am Anfang gar nicht, was das alles zu bedeuten hat oder wie er mit der Schnur arbeiten soll. Platziere das Leckerchen dann einfach etwas näher zu ihm, sodass er gerade noch ohne die Schnur daran kommt. Auch hier kannst du mit der Schwierigkeitsstufe variieren und immer schwierigere Aufgaben stellen. Achte auch hier bitte darauf, dass die Aufgabe für deinen Hund auch zu lösen ist. Ansonsten macht sich schnell Frustration breit. Hat er das Leckerchen dann hervorgezogen, feiere zusammen mit ihm und helfe ihm beim Auspacken. Du kannst natürlich auch ein Spielzeug daran befestigen und ihn am Ende mit einem Spiel belohnen. Für Spaß ist also gesorgt.

Eigenständiges Denken und Teamarbeit sind hier angesagt, was deinem Hund als Strategie für zukünftige Situationen ein Stückchen mehr Selbstvertrauen verschafft und nicht hilflos wirken lässt. Er weiß, er kann das schaffen!

Bewachen:

Wölfe bewachen ihren Schlafplatz und ihr Territorium. Und auch frei lebende Hunde zählen meistens ein bestimmtes Gebiet zu »ihrem« Territorium und sorgen dafür, dass sich kein Eindringling dahin verirrt. Ein Eindringling bedeutet zunächst immer potenziell Gefahr. Er könnte sich an wichtigen Ressourcen bedienen, welche unter Umständen lebenswichtig für die Bewohner des Territoriums sind.

So haben auch unsere Haushunde ihr Hoheitsgebiet. Je nach Lebensraum kann das ganz unterschiedlich sein. Es kann beispielsweise die Wohnung sein, das Haus, der Garten oder der Hof bis zu einer bestimmten Grenze. Das Bewachen ist demnach ein natürlicher und artgerechter Job, den der Hund gerne erfüllt. Er hat einen bestimmten Wachposten, beispielsweise am Fenster oder am Gartenzaun und unternimmt regelmäßige Streifzüge durch sein Revier. So stellt er sicher, das alles in Ordnung ist und keine Gefahr droht.

Auch dein Hund sollte die Möglichkeit haben, etwas zu bewachen. Hier ist ein wenig Fingerspitzengefühl gefragt, denn je nach Rasse kann dein Hund diesen Job etwas zu ernst nehmen. Das wollen wir unter natürlichen Umständen natürlich vermeiden. Es ist zwar okay, dass er sich meldet, wenn etwas Suspektes vor sich geht oder wenn

sich eine potenzielle Gefahr nähert. Doch dann sollten wir diesen Job wieder übernehmen und entscheiden, ob alles in bester Ordnung ist. Man läuft ansonsten schnell die Gefahr, dass der Hund auch gern gesehenen Besuch nicht dulden möchte. Die Territorialität sollte also nicht ausufern. Das erreichen wir, indem wir unserem Hund nur einen bestimmten Bereich bewachen lassen und das auch zeitlich dosieren. Wir merken schnell, wann es übertrieben wird und es für uns unangenehm ist.

Der Bewacher liegt zwar augenscheinlich nur da und schaut in der Gegend herum, doch in Wahrheit ist er äußerst wachsam. Er konzentriert sich auf seine Umgebung und achtet auf alle Reize. Das ist für einen Hund äußerst anstrengend. So kommt es oft vor, dass die Hunde an ihrem Wachposten auch tief entspannen oder gar schlafen. Und siehe da, wir haben die Stressspirale auf natürliche Weise durchbrochen durch eine artgerechte und ruhige Beschäftigung – sogar ohne Kosten und Mühen.

Körperliche Auslastung

Neben der mentalen Auslastung gehört selbstverständlich auch die körperliche Auslastung für einen Hund zum Alltag dazu. Viele Hundebesitzer neigen dazu, einen energiegeladenen und aufgeregten Hund durch Dinge wie dauerhaftes Ballspielen »auszulasten«. Doch nur durch diese Art hektischer Spiele erhöhen wir nach einer gewissen Zeit wieder den Stresspegel. Der Hund wird in diesen Spielen recht aufgedreht und zappelig. Die Phase nach dem gemeinsamen Spiel wieder in eine entspanntere Stimmung zu kommen ist ziemlich lang. Es eignen sich daher als regelmäßige, tägliche Aktivitäten eher gemäßigte aber dafür ausgedehntere Auslastungsmöglichkeiten. Wir können dem Hund, einmal losgelöst von den meisten Angeboten an Hundesport, eine artgerechte physische Auslastung bieten.

- **Der Streifgang:** Wölfe und frei lebende Hunde gehen regelmäßig durch das Revier. Die Routen werden zwar gewechselt, doch das Gebiet bleibt weitestgehend gleich. Es wird nach Nahrung gesucht, potenzielle Gefahren erkannt und das Revier wird immer wieder neu abgesteckt und markiert. Unseren Hunden sollten wir somit täglich die Möglichkeit für ihre Streifgänge bieten. Die Routen auf den Gassigängen sollten immer wieder variieren. Euer Gebiet bietet deinem Hund Selbstsicherheit und ein vertrautes Gefühl. Wölfe und frei lebende Hunde machen regelmäßig auch mal einen Abstecher in fremdes Gebiet. Wir können ebenfalls regelmäßig mit dem Auto in eine andere Umgebung fahren und dort spazieren oder wandern gehen. Dein Hund nimmt hier wieder neue Reize und Düfte auf, was zur ausgeglichenen Psyche beiträgt.

- Lasse deinen Hund in jedem Gebiet **ausreichend Zeit** zu schnüffeln. Das gehört zum natürlichen Erkundungsverhalten dazu und trägt zum ausgeglichenen Hormonhaushalt bei. Am natürlichsten ist ein mäßiges Lauftempo mit ausreichend Erkundungsmöglichkeiten. Kein frei lebender Artgenosse rast mit »Affenzahn« durch das Revier. Dabei sollte der Hund auch markieren dürfen, denn das ist ebenfalls Teil des natürlichen Revierverhaltens.

- Um die körperliche Fitness ebenfalls ein Stück weit mit einzubeziehen und Abwechslung zu bieten, eignen sich kleine **Parcours** aus Baumstämmen, Klettermöglichkeiten oder kleinen Gräben bestens.

- Sofern dein Hund Wasser mag, ist das **Schwimmen** eine perfekte Ergänzung zu den sonstigen Spaziergängen. Ihr könnt das als Team machen und gleichzeitig schonst du die Muskeln und Gelenke deines Hundes. Apportierspiele in seichtem Wasser können perfekt kombiniert werden.

- Du kannst deinen Hund gerne auch zum **Fahrrad fahren** oder zum **Joggen** mitnehmen, sofern er Freude daran hat. Eine gesunde Geschwindigkeit ist ein lockerer Trab. Dieses Tempo ist am schonendsten für die Gelenke deines Hundes. Sei bei dieser Aktivität besonders achtsam und schaue, wie sich dein Hund verhält. Seine Körpersprache und Mimik sollten entspannt sein. Es könnte ansonsten schnell zu viel für deinen Hund sein oder hat gegebenenfalls Schmerzen.

- Eine weitere Möglichkeit, deinen Hund in ruhiger Atmosphäre körperlich auszulasten, ist das **Degilitytraining**. Das ist eine Kombination aus Agility und Mobility. Beim Degility durchlauft ihr einen Parcours mit verschiedenen Übungen und Stationen. Es geht weder um Leistungsdruck noch um Zeit, sondern ruhige und präzise Teamarbeit. Der Hund muss seine Aufmerksamkeit hauptsächlich auf seinen Halter setzen. Das bedeutet Konzentration, Ruhe und Fokus. Gerade für hyperaktive, ältere, oder verhaltensauffällige Hunde ist diese Kombination perfekt geeignet. Diese Hundesportart ist übrigens auch für Hundesenioren geeignet, denn die Beweglichkeit wird gefördert und die Muskulatur wird gefordert.

Auch bei all diesen körperlichen Beschäftigungen solltest du dich nicht selbst unter Druck setzen und dich mit anderen Hundehaltern vergleichen. Die Art der Aktivitäten muss in erster Linie zum Wesen, zur Rasse und auch zum Alter und zur Verfassung deines Hundes passen. Findet gemeinsam heraus, was euch am meisten Spaß macht und was eurem Team guttut. Leistungsdruck hat in der entspannten Beschäftigung mit deinem Hund keinen Platz.

Wie beschrieben, sind Hunde sehr soziale Lebewesen. Sie benötigen deshalb die Interaktion mit anderen Lebewesen. Einige Hunde fühlen sich in der Nähe anderer Hunde nicht besonders wohl. Auch das sollten wir akzeptieren. Wir könnten gegebenenfalls herausfinden, woran es liegt, dass der Hund keinen Kontakt zu Artgenossen wünscht. Eventuell hat er schlechte Erfahrungen gemacht und muss zunächst wieder lernen, neue positive, angenehme Kontakte zu ihresgleichen knüpfen zu können. Finden wir das heraus und lösen das Problem. Wenn es dabei bleibt und der Hund nichts von Hundekumpels hält: Auch ihm sollten wir zumindest ab und an die Möglichkeit geben, mit anderen Hunden kommunizieren zu dürfen. Er kann so selbst bestimmen, inwieweit er dieses Angebot annimmt. Unverträgliche Hunde kommunizieren ansonsten in erster Linie mit uns Menschen und stillen mit uns das Bedürfnis nach Sozialkontakten. Bei den Kontakten zu anderen Hunden kommt es wieder auf die Dosierung an:

- Die sozialen Kontakte sollten hauptsächlich mit bekannten Hundefreunden stattfinden. Seine Freunde kann er einschätzen und sich somit auch entspannt mit ihnen beschäftigen. Er weiß, was sie mögen, welche Abneigungen sie haben und wie sie in bestimmten Situationen reagieren. Eine hervorragende Möglichkeit, deinem Hund soziale Kontakte bieten zu können, sind bekannte Hundegruppen. Trefft euch also gerne regelmäßig mit anderen Mensch-Hund-Teams, die vom Wesen und Verhalten zu euch passen.

- Ab und zu sollte dein Hund auch die Möglichkeit haben, fremde Hunde kennenzulernen. Nur so kann er neue Freundschaften und Bekanntschaften schließen. Es sollte aber nicht zu viel werden, denn täglich viele neue Hundekontakte stressen viele Hunde. Das ist ähnlich wie bei uns Menschen. Einige gehen gerne und relativ oft »unter Leute«, andere schätzen eher das Beisammensein mit engen Freunden. Bedenke jedoch, dass die Kommunikation an der Leine immer etwas eingeschränkt ist und somit acht-

sam von dir begleitet werden sollte. Signalisiert die Körpersprache deines Hundes, dass es ihn stresst, verlasse das Geschehen. Die Kontakte sollten möglichst in positiver Erinnerung bleiben, damit auch die zukünftigen Hundetreffen entspannt verlaufen.

- Es ist nicht gerade förderlich, wenn ein Hund täglich auf überfüllte Hundeauslaufflächen mit vielen unbekannten Hunden gebracht wird. Er kann sehr schnell überfordert sein und in Stress geraten. Kontraproduktiv für unser Ziel zur Entspannung. Gerade bei ängstlichen Hunden kann das die Unsicherheit noch steigern. Weniger ist hier mehr! Viele Halter meinen, dass es Hunde auf jeden Fall glücklich macht, zusammen mit vielen fremden Artgenossen »spielen« zu können. Doch man muss genau hinschauen, ob das Spiel tatsächlich auch einen Spielcharakter hat oder aus ernsthaften »Diskussionen« bzw. Stress besteht (siehe »Wie erkenne ich, dass mein Hund gestresst ist«). Achte also darauf, dass dein Hund sich wohlfühlt, wenn ihr hin und wieder diese Hundewiesen besucht.

- Auch Mehrhundehalter sollten hin und wieder neue Kontakte zulassen, selbst wenn die Hunde ja im häuslichen Umfeld das Zusammenleben mit Artgenossen genießen dürfen. So kann sich der einzelne Hund weiterentwickeln und auch spannende, neue Kontakte knüpfen.

- Mehrere Hunde im Haushalt bedeutet stabile und vertraute soziale Kontakte zu haben. Zu einem ausgeglichenen Hormonhaushalt trägt das gemeinsame Spielen, das Grooming und die alltägliche Interaktion mit anderen Hunden im Haushalt bei. Wenn es diese Möglichkeit also gibt und sich alle Hunde in der Gruppe wohlfühlen – super!

- Die soziale Interaktion mit uns Menschen gehört ebenfalls zum natürlichen und artgerechtem Verhalten dazu. Kommunikation und Körperkontakt tragen zur inneren Balance bei und mindern Stress. Sei es das Kraulen, spielen, Kontakt liegen oder Körperpflege – all die Interaktionen sind elementar wichtig für beide Seiten, Hund und Mensch.

Die Bedürfnisse deines Hundes im Wandel seines Lebens

Wie immer wieder angesprochen, ist Achtsamkeit das A und O im Zusammenleben mit unseren Hunden. Damit die Harmonie aber auch konstant aufrechterhalten werden kann, ist es sinnvoll, auch die unterschiedlichen Bedürfnisse im Laufe des Hundelebens zu kennen. Wir können uns damit noch mehr auf unseren Hund einlassen, da wir seine Bedürfnisse achten, respektieren und umsetzen. Ein Welpe hat ein paar andere Bedürfnisse als der erwachsene Hund und die Pubertät fordert eine andere Lebensgestaltung als der Senior. Es gibt also je nach Lebensphase einige speziellere Faktoren, die wir für einen entspannten Hundealltag berücksichtigen sollten.

Die Welpenzeit ist prägend für das weitere Leben. Sie ist lernintensiv, fordernd und außerordentlich spannend sowie aufregend. Die ersten beiden Lebensmonate verbringen die Welpen zwar noch bei ihrer Mutter, aber dann sind wir an der Reihe. Wir führen den Welpen in unsere Welt ein und versuchen, ihm alles wichtige zu vermitteln. Es kann recht hilfreich sein, auch die Lebensumstände seiner Anfangszeit auf dieser Welt zu kennen, um gegebenenfalls darauf eingehen zu können. Es gilt als erwiesen, dass sich auch die Lebensumstände der Hundemutter Einfluss auf ihre Welpen nimmt. Ist sie zum Beispiel permanentem Stress ausgesetzt, kann man unter Umständen nervöse und unsichere Welpen bei sich einziehen lassen.

Zieht der Welpe, für den du dich entschieden hast, dann endlich ein, gilt es ein paar Vorkehrungen zu treffen. Schließlich soll sein Start bei uns so angenehm und positiv wie möglich für ihn sein. Bereite seine Liegeplätze an geeigneten Stellen vor. Für den Anfang lasse deinen Hund gerne in der Nähe deines Bettes die Nacht verbringen. Ein Welpe hat bisher immer die Gesellschaft seiner Mutter und seiner Geschwister genießen dürfen. Er wird sich schnell alleine gelassen fühlen. Ist er in unserer Nähe, kommt er besser zur Ruhe und fühlt sich sicher und geborgen.

Falls Kinder im Haus leben, sollten sie schon vor dem Einzug des neuen Familienmitglieds ein wenig geschult werden, um Stress für beide Seiten zu vermeiden. Zum Beispiel sollte der Spielbereich der Kinder vom Schlafplatz des Hundes getrennt werden. Die Kinder sollten nicht im Bettchen des Welpen spielen und der Welpe sollte nicht im Spielbereich der Kinder schlafen. Ein paar Grenzen sollten also für beide Seiten gesetzt werden. Es passieren gerade in diesem Zusammenhang oft Unfälle oder der Welpe schnappt nach den Kindern. Kinder verhalten sich für ihn oft überhaupt nicht einschätzbar und widersprüchlich. Manchmal ziehen kleine Kinder immer wieder am Schwanz des Welpen oder bedrängen ihn so, dass er sich nicht anders zu wehren weiß und zuschnappt. Es versteht sich von selbst, dass Kinder und Hunde nicht unbeaufsichtigt zusammen allein gelassen werden sollten.

Die wohl wichtigsten Faktoren, die beim Zusammenleben mit dem kleinen Welpen zu beachten sind, sind Ruhe und Geduld. Das Vertrauen, die Bindung und die Sicherheit müssen sich erst Stück für Stück aufbauen. Gehe also darauf ein, wenn du merkst, dass dem Welpen etwas missfällt oder er Angst bekommt. Baue am besten von Anfang an bestimmte Regeln und Routinen mit in den Alltag ein. Das gibt dem Kleinen die nötige Sicherheit und Orientierung (siehe »Rituale«).

Gerade am Anfang muss der Welpe erst einmal den Umgang mit uns Menschen kennenlernen. Das klappt gerade in dieser Zeit am besten im spielerischen Kontext. Spielst du mit deinem Welpen und er beißt im Spiel mit seinen spitzen Milchzähnen in deine Haut, zeige ihm, dass das wehtut. Breche das Spiel dazu ab und kommentiere das ganze mit einem »Autsch« – so förderst du die Beißhemmung deines Hundes. Für ein wenig Entspannung im Alltag kannst du sorgen, indem du nicht auf jede Spielaufforderung deines Welpen eingehst. Der Kleine findet in der ersten Zeit alles spannend und lässt sich immer mitreißen. Zu viel davon fördert aber wiederum Stress. Der Welpe benötigt Zeit, um seine neuen Eindrücke und Reize verarbeiten zu können. Fehlt ihm diese Zeit, kann er sich möglicherweise zu einem echten Nervenbündel entwickeln. Er wird in seiner Zukunft Probleme damit haben, mit Stress umzugehen. Achte also auf jeden Fall auf das große Ruhebedürfnis des Jungspunds. Baue im Idealfall die beschriebenen Ruheübungen mit in den Alltag ein. Diese Entspannungsübungen kannst du am besten mit ihm an seinem Liegeplatz machen, dann wird er sich irgendwann selbstständig dorthin verkrümeln, um zu ruhen.

Hat der Welpe sein neues zu Hause in Ruhe erkundet und sich schon ein wenig daran gewöhnt, kannst du mit kleinen Spaziergängen starten. Diese Spaziergänge sollten mit ein paar Minuten beginnen. Du kannst sie nach und nach immer etwas weiter ausweiten. Der Hund sollte dosiert an neue Reize herangeführt werden, denn nur so kann

er das aufgenommene auch verarbeiten. Das gibt ihm zukünftig mehr Sicherheit. Man neigt zwar manchmal dazu, den Welpen so viel wie möglich kennenlernen zu lassen, doch das kann sich schnell negativ auf sein Stressempfinden auswirken.

Um die wichtigen Sozialkontakte zu ermöglichen, eignet sich eine Welpenschule. Die Welpen können dort ihre Kommunikation verfeinern und lernen, andere Artgenossen besser einzuschätzen und lesen zu lernen. Es ist aber enorm wichtig, dass diese Gruppe durchdacht geführt wird. Die Gruppe sollte nicht zu groß sein und der Trainer sollte die Hunde nicht einfach spielen lassen und sich selbst überlassen. Es muss immer geschaut werden, dass jeder einzelne Welpe sich immer noch wohlfühlt und kein Mobbing stattfindet. Das könnte einen Hund traumatisieren und zukünftiger Kontakt zu Artgenossen gestaltet sich schwierig, da das Aufeinandertreffen möglicherweise direkt negativen Stress bedeutet. Wähle also die Welpengruppe mit Bedacht aus.

Beginne schon von Anfang an mit der Bindungs- und Vertrauensarbeit. Helfe ihm aus unangenehmen Situationen heraus. Poltert beispielsweise ein Rowdy auf deinen eher zurückhaltenden Welpen zu, schirme ihn ab und entfernt euch dann gemeinsam. Er wird schon direkt merken, dass er bei dir Sicherheit findet. Das hilft euch ungemein für die Zukunft.

Schlussendlich bleibt zu sagen, dass der Welpe in seinen ersten Monaten in seiner neuen Welt erst einmal alles lernen muss. Die Kommunikation mit anderen Hunden, die Kommunikation mit Menschen, Umweltreize und unglaublich viele Eindrücke. Überfordere ihn daher nicht mit komplizierten Trainingseinheiten oder anstrengendem Hundesport. Lasse ihn erst einmal seine Welt kennenlernen und seine Welpenzeit genießen. Für alles Weitere bleiben euch noch viele gemeinsame Jahre.

Die Pubertät

Wegen Umbau geschlossen! Den Eindruck kann man im Zusammenleben mit einem pubertierenden Hund etwa ab dem siebtem Lebensmonat schnell bekommen. Im Alter von etwa einem halben Jahr bekommt der »Welpe« den ersten Hormonschub. Es zeigen sich ganz individuelle Verhaltensänderungen. Oft wird zunächst die Kommunikation mit Artgenossen nicht ausschließlich durch Spiel und Spaß geprägt sein. Es wird jetzt ernsthafter beobachtet, ob das Gegenüber eventuell doch ein Feind oder ein Konkurrent sein könnte. Er steckt mehr und mehr sein Revier mit Markierungen ab und das Territorialverhalten nimmt zu. Bei Hündinnen erkennt man den Beginn der Pubertät ganz einfach an der ersten Läufigkeit. Bei einem Rüden ist das nicht ganz so einfach an körperlichen Merkmalen zu erkennen. Oft wird suggeriert, dass der Rüde in der Pubertät ist, sobald er sein Beinchen hebt. Doch bei einem eher unsicheren Hund kann das erst viel später gezeigt werden. Er möchte ungern auffallen und verhält sich mit seinen Markierungen eher zurückhaltend.

Der Hund in der Pubertät wird selbstständiger, selbstsicherer und entfernt sich aufgrund dessen weiter von seinen Menschen. In vielen Situationen ist der Welpe immer am Menschen »kleben« geblieben, das ändert sich langsam. Möglicherweise geht der pubertierende Hund nun auch mal stiften und erforscht seine Umwelt ganz eigenständig. Geduld ist jetzt gefordert! Neben den körperlichen Veränderungen macht auch die Psyche des Junghundes gewaltige Sprünge. Das bedeutet, dass der Hund nun in erster Linie mit sich selbst und seinen Veränderungen beschäftigt ist. Es ist eine anstrengende Zeit für den Hund, denn auch der Hormonhaushalt durchläuft starke Veränderungen.

Doch auch für seine Menschen in der Familie beginnt eine anstrengende Phase. Alles bisher erlernte scheint vergessen zu sein. Wo vorher das Signal noch hoch motiviert ausgeführt wurde, fehlt die Reaktion des Hundes. Man könnte den Eindruck gewinnen, die Ohren stehen auf Durchzug und es kommt nichts im Gehirn an. Aber du kannst dich beruhigen, es liegt nicht an dir. Das komplette Körpersystem deines Hundes wird im Prinzip beim laufenden System neu aufgebaut und erweitert. Der junge Hund lernt mehr und mehr, sich Lösungsstrategien zu erarbeiten, seine Kommunikationssignale gekonnt einzusetzen und er legt sich vielleicht auch hier und da mal mit Artgenossen an, denen er in der Zeit vorher immer nur spielerisch gegenüber getreten ist. Dieser »Umbau« ist nach einigen Monaten vorbei.

Wichtig in der Pubertät ist, dass du trotzdem konstant am Ball bleibst und nicht das Handtuch wirfst. Die erlernten Dinge sind nach dieser Zeit wieder verfügbar und abrufbar. Oft meinen wir, wir müssten den Hund während der Pubertät ganz besonders fordern und auslasten. Schließlich läuft er dauernd auf Hochtouren und steckt voller Energie. Doch gerade jetzt sollten wir dem Rowdy nicht in noch mehr Stress versetzen, damit er endlich müde wird. Die Auslastungsmaßnahmen sollten nicht übertrieben werden. Gerade jetzt ist es ein guter Zeitpunkt, Entspannung zu trainieren, die Rituale weiter stattfinden lassen und Selbstbeherrschung zu trainieren. Es bieten sich besonders die schon beschriebenen mentalen Auslastungsmöglichkeiten wie Suchspiele an. Hektische Jagd- und Zerrspiele sollten nur selten vorkommen, denn dadurch wird der sowieso schon überreizte Hund noch mehr aufgepusht. Außerdem sind auch die Gelenke des Hundes noch nicht final entwickelt, sodass man sie nicht übertrieben belasten sollte. Statt wildes Spielen und Toben beginne mit ein paar Übungen zur Impulskontrolle. Eine Übung könnte sein:

- Du lässt deinen Hund neben dir absitzen und gibst ihm das Signal »Bleib«.
- Du verteilst in Abständen von etwa 1 - 2 Metern jeweils ein begehrtes Leckerli.

- Du gibst deinem Hund nun das Signal »Okay«, dann darf er sich das erste Leckerli nehmen.

- Mit Sicherheit versucht dein Hund dann, direkt zum nächsten Leckerbissen zu kommen und stürmt in diese Richtung. Bringe Ruhe ins Geschehen, indem du ihn etwa auf der Hälfte der Distanz wieder absitzen lässt.

- Dann startet die Übung wieder von vorne mit dem Auflösesignal.

- Führt dein Hund das Signal nicht aus, unterbreche die Übung. Du gehst mit ihm in die entgegengesetzte Richtung und kommentierst das mit »schade« oder Ähnlichem.

- Starte dann einen erneuten Versuch und führe die Übung dann fort.

Bei dieser Übung sind wichtige Komponenten erhalten. Dein Hund lernt, Ruhe zu bewahren. Er kommt schließlich durch stürmisches Verhalten nicht an sein Ziel. Damit wird die Impulskontrolle trainiert. Zudem beinhaltet diese Übung auch ein Aufmerksamkeitstraining. Er muss mit dir zusammenarbeiten und sich an dir und deinen Signalen orientieren. Macht er das gut, erhält er seine Belohnung in Form der vorbereiteten Leckerchen.

Kurz gesagt: Geduld, Konstanz und Ruhe sind hier gefragt. Die Pubertät ist für euch beide unter Umständen eine sehr anstrengende und nervenaufreibende Zeit. Doch es lohnt sich, trotzdem am Ball zu bleiben. Geht gemeinsam durch diese Phase, sie wird euch zusammen schweißen und wirkt sich wieder positiv auf eure Bindung aus.

Der erwachsende Hund

Für den erwachsenen Hund ab etwa einem Jahr eignen sich hervorragend eine Mischung aus mentaler, sozialer und körperlicher Auslastung (siehe Abschnitt »artgerechte Auslastung«). Es gilt hier, die für euch perfekte Mischung zu finden. Weder sollte dein Hund unterfordert noch überfordert sein. Überforderung führt zu Stress. Es sind zu viele Reize vorhanden für zu wenig Ruhe. Sie können nicht verarbeitet werden und der gesamte Organismus ist auf Vollpower. Doch auch Unterforderung führt zu Stress, denn das kann zu Frustration und Depression führen. Zwischendurch kann es auch gerne mal ein Sofatag sein, einen Faulenzer Tag könnt ihr gerne in euer Ritualreportoire aufnehmen. Mal einen Tag faulenzen mit wenig Bewegung und noch weniger Anforderungen können Hunden und Menschen guttun, als eine Art Verschnaufpause. Das kennst du bestimmt auch. Doch irgendwann sind die Energiereserven voll aufgeladen und wollen entladen werden. Gibt es keine Entlademöglichkeit in Form von mentaler und physischer Auslastung, entladen sich die Energiereserven möglicherweise in unerwünschten Verhaltensweisen wie zum Beispiel zerstören oder bellen. Doch auch das Gegenteil kann vorkommen und der Hund entschwindet in einer Depression und lässt sich nicht motivieren, sich anderweitig richtig auszulasten.

Der erwachsene Hund kann also die Vorzüge der verschiedenen Auslastungsmöglichkeiten kennen und lieben lernen. Du kannst nach der Pubertät und vor der Seniorzeit also die gesamte Palette an den beschriebenen Auslastungsmöglichkeiten in euren Alltag einbinden. Finde gemeinsam mit deinem Hund seine ganz individuellen Talente und Lieblingshobbys heraus. Vielleicht gefällt deinem Hund besonders die Beschäftigung durch Nasenarbeit? Das Mantrailing bietet für diese Leidenschaft eine passende Auslastungsmöglichkeit. Möglicherweise findet dein Hund ganz neue Hobbys. Probiert es aus und wachst zu einem ganz individuellen Team zusammen.

Auch in der adulten Phase gilt es, konstant an der Erziehungs- und Beziehungsarbeit zu arbeiten. Gelernte Signale, Übungen und Verhaltensweisen sollten immer wieder aufgefrischt oder erweitert werden. So wird nichts mühsam Eingeübtes wieder vergessen. Außerdem wird es so nie langweilig im Alltag.

Der Senior

Wie schön wäre es, wenn unsere Hunde ewig jung bleiben würden. Doch auch das Älterwerden gehört zum Laufe des Lebens dazu. Das heißt aber nicht, dass der Lebensabend des Hundes langweilig und ohne Neues vertrödelt werden muss. Bereite deinem Senior eine harmonische Zeit. Vielleicht wird er ausgedehnte Wanderungen nicht mehr so einfach unternehmen können oder die wilden Spiele bedeuten Anstrengung für ihn. Darauf sollten wir selbstverständlich Rücksicht nehmen und die Aktivitäten entsprechend anpassen.

- Beleuchte eure Rituale noch einmal neu. Vielleicht passt das ein oder andere Ritual langsam nicht mehr so richtig zum Tagesablauf deines Seniors. Du kannst dafür Alternativen finden oder die Rituale zeitlich flexibler gestalten.

- Wo lange Ausflüge und bewegungsintensive Spiele bei euch auf der Tagesordnung standen, baue wieder mehr Such- und Denkspiele ein, um deinen Hund auch geistig fit zu halten.

- Auch neue Tricks kann ein Senior lernen, berücksichtige nur eine eventuell langsamere Auffassungsgabe.

- Führe bei eurem Entspannungsritual ein paar Massagen ein, sofern deinem Hund das angenehm ist. Durch das ein oder anderer Zipperlein können schon mal Muskelverspannungen auftreten.

- Vielleicht bemerkst du, dass dein Hund sich hier oder da nicht mehr so gerne anfassen lässt oder gar anfängt zu knurren. Diese Message »Lass mich bitte in Ruhe« sollten wir akzeptieren und es dabei belassen, sofern es nicht überhandnimmt.

- Ältere Hunde brauchen mehr Ruhe und Schlaf wie die jüngeren Zeitgenossen. Passe deinen Tagesablauf dahingehend an und gönne ihm seine Auszeiten.

- Achte auf euren Spaziergängen noch einmal besonders darauf, dass dein Hund nicht zu sehr von seinen Artgenossen oder von fremden Menschen bedrängt oder genervt wird. Rennt ein wilder Jungspund auf unseren Senior zu, gehe wieder dazwischen, indem du deinen Hund abschirmst und dich entfernst. Regele also die ein oder anderen Problemchen im Alltag für deinen Hund und lasse ihn nicht selbst alles erledigen.

- Achte ganz besonders auf die Ernährung deines Hundes. Vermeide Übergewicht, denn das würde unter Umständen Gelenkprobleme und organische Probleme nach sich ziehen. Verwende entsprechende Nahrungszusätze (wie zum Beispiel Grünlippenmuschelpulver für starke Knochen und Gelenke), lasse dich dazu gerne von eurem Tierarzt oder Tierheilpraktiker beraten.

- Hat dein Hund mit Bewegungseinschränkungen zu kämpfen, sucht gerne einen Physiotherapeuten für ihn auf. Ihr lernt dort ganz wunderbare Übungen, um die Einschränkungen im Griff zu behalten.

- Das wichtigste: Zeige Empathie und Verständnis für deinen Senior, so gestaltet sich der Alltag harmonisch, entspannt und ohne Stress.

Die »graue Schnauze« können wir wieder ganz gut mit dem menschlichen Älterwerden vergleichen. Ältere Menschen in unserer Gesellschaft brauchen ebenfalls ein wenig mehr Ruhe als die Jugendlichen unter uns. Doch auch sie beschäftigen sich mit Hobbys, Freunden und Bekannten. Auch hier ist angepasste Bewegung und »Gehirnjogging« fester Bestandteil des Alltags. Gleiches können wir für unseren alten Hund ermöglichen. Es wäre nicht fair, ihn aufgrund seines Alters nicht mehr zu fördern und uns nicht mehr mit ihm artgerecht zu beschäftigen. Es ist eben alles etwas gemächlicher und es kommt die ein oder andere Kuschelstunde statt eines Zerrspiels hinzu. Solange sich der Hund aber wohlfühlt und seinen Lebensabend genießt, haben wir ganze Arbeit im Sinne unseres Mensch-Hund-Teams geleistet.

Danke, dass du mein Buch gekauft und gelesen hast. Ich hoffe es hat dir gefallen und kann dir helfen, eine enge Bindung zu deinem Vierbeiner aufzubauen.

Ich bin gespannt zu erfahren, was dir besonders gefiel, aber auch was dich störte oder wo du Verbesserungsvorschläge hast. Schreib mir gern eine Mail an **Ratgeber.Buch@gmail.com**.

Des Weiteren würde ich dich bitten, mein Buch auf Amazon zu bewerten. So hilfst du anderen Kunden meinen Ratgeber zu finden und erleichterst Ihnen die Kaufentscheidung.

Ich freue mich von dir zu Lesen!

Deine

Ines Gersten

Bildnachweise

Adobe Stock Material:

© Aliaksei Lasevich #89152160
© ASDF #177054134
© chika_milan #175188824
© Christian Müller #169996584
© Christin Lola #229227222
© Daxiao Productions #104655312
© DoraZett #214481560
© eldadcarin #52330389
© Eva #231984726
© Fotoschlick #94061044
© frilled_dragon #90773358
© Halfpoint #82811831
© highwaystarz #87452312
© Jana Behr #77884847
© Kseniya #255438935
© Michael Pettigrew #44594380
© Mike #286342244
© nataba #245003438
© okalinichenko # 62827949
© Photoboyko #293769621
© Rita Kochmarjova #195276899
© Rodney #134798768
© SAJ #221157424
© SHOTPRIME STUDIO #243987779
© Vasyl #170844396
© WavebreakMediaMicro #70929091
© wittybear #99767143
© Yakobchuk Olena #123950862, #123951598
© majivecka #86134742, #85426830, #86134727, #88692135, #233965116, #233965104, #89012096, #233965094

Hunde-Zeichnungen: Jenny Gösche

weitere Illustrationen: Julia Grün

Tom Bernhardt, Spittelleite 6, 96450 Coburg, tom.ber@live.de
Lektorat: Tina Müller
Layout & Satz: Julia Grün

978-3-9823188-4-4

Rechtlicher Haftungsausschluss: Dieses Buch enthält Meinungen und Ideen des Autors und hat die Absicht, Menschen hilfreiches und informatives Wissen zu vermitteln. Die enthaltenen Anleitungen passen möglicherweise nicht für jeden Anwendungsfall, daher besteht keine Garantie, dass diese problemlos funktionieren. Die Benutzung dieses Buches und die Umsetzung der darin enthaltenen Informationen erfolgen ausdrücklich auf eigenes Risiko. Haftungsansprüche gegenüber dem Verleger und Autor für Schäden materieller oder ideeller Art, die durch die Nutzung fehlerhafter und / oder unvollständiger Informationen verursacht wurden, sind ausdrücklich ausgeschlossen. Das Werk – inklusive aller Inhalte – gewährt keine Garantie oder Gewähr für Aktualität, Korrektheit, Vollständigkeit und Qualität der bereitgestellten Informationen. Druckfehler und Fehlinformationen können nicht vollständig ausgeschlossen werden.

Bei gesundheitlichen Fragen, Beschwerden oder Problemen konsultieren Sie immer Ihren Arzt!